Ingo Faustmann

Katzensprache
verstehen

Kosmos

Ein „Miau" sagt mehr als tausend Worte – doch zur Katzensprache gehört viel mehr.

Ihre Katze wird das eine oder andere Geheimnis verraten, doch nichts von ihrer Faszination verlieren.

Inhalt

Extra

**Lernen Sie mit uns
die Katzensprache –
los geht's!**

Katzensprache: mehr als nur „Miau"

Können Katzen sprechen?

Wer als Katzenbesitzer in seinem Be-
kanntenkreis erzählt, seine Katze
könne tatsächlich sprechen, der wird
oft belächelt – aber nur von denen,
die nicht auch
selbst eine
Katze ha-
ben...

**Beschäftigen Sie sich häufig
mit Ihrer Katze...**

**...dann werden Sie sich bald
bestens verstehen.**

Auch spielen ist eine Art der Kommunikation – eine sehr vergnügliche.

„Wie Hund und Katz'" – das muß nicht sein.

Jeder von uns hat in seinem Leben schon einmal mit Katzen zu tun gehabt – viele Menschen vielleicht nur dann, wenn sie Freunde be- suchen, die in einem Kat- zenrevier wohnen, in dem die Samtpfoten ihre „eige- nen vier Wände" haben. Weit verbreitet ist deshalb

Wenn Sie Ihrer Katze etwas mitteilen möchten, verwenden Sie eine Sprache, die sie auch versteht.

die Meinung, die Katzensprache bestehe eigentlich nur aus einem Miauen, wenn die Mieze etwas zu essen haben oder spielen möchte – und vielleicht noch aus einem Fauchen, wenn sich Ärger ankündigt. Doch viele teilen ihr Leben mit einer Samtpfote und wissen daher, daß diese Annahme ein bißchen zu einfach ist...

Katzensprache lernen

Die meisten Katzen werden heute als Wohnungskatzen gehalten. Damit haben die Samtpfoten nur wenige Lebewesen dauerhaft um sich herum: Neben eventuell weiteren Katzen in derselben Wohnung sind es primär die Menschen als „Oberkatzen", die darin leben. Katzen sind durchaus in der Lage, im Laufe der Zeit mit ihren menschlichen Bezugspersonen eine eigene Sprache zu entwickeln – sie haben also die Fähigkeit, ihr eigenes Sprachrepertoire derart zu erweitern, daß „Mensch", hört er nur gut und ausdauernd zu, durchaus in der Lage ist, mit der Katze zu kommunizieren und ihre Wünsche und Anliegen zu verstehen.

Unsere Katze Imke zum Beispiel wartet täglich bis kurz vor 17:00 Uhr neben meinem Schreibtischstuhl, um dann mit einem langgezogenen hochtonigen Laut darauf aufmerksam zu machen, daß es nun an der Zeit sei, das Abendessen zu servieren. Um die Dringlichkeit ihres Anliegens noch zu unterstreichen, bedient sie sich außerdem einer Vorderpfote, mit der sie zweimal sanft an das Hosenbein klopft. Die Oberkatze weiß nun, daß dieser Wunsch keinen Aufschub mehr duldet. Ich stehe also auf, bewege mich in die Küche, öffne das Futterschälchen – und habe Imke darin bestärkt, daß ich exakt diese „Katzensprache" verstanden habe. Folglich wird sie genau dieses Verhalten in derselben Situation wieder an den Tag legen. Und ich kann mir deshalb sicher sein, auch morgen wieder zu exakt derselben Zeit eine Zwangspause am Computer einlegen zu müssen, und zwar nach zweimaligem, und nicht nach dreimaligem Pfotenklopfen.

KÖRPER- UND LAUTSPRACHE

Das Beispiel hat schon gezeigt, daß es sehr unvollständig wäre, anzunehmen, Katzen würden sich ausschließlich mit Hilfe ihrer Lautsprache verständigen. Beim Menschen dient hauptsächlich die Stimme dazu, mit anderen menschlichen Wesen zu kommunizieren,

wobei wichtig ist, daß es nicht nur um die Worte an sich geht: Ich kann den Satz „Das hast du aber fein gemacht!" durchaus als Belobigung sagen – aber auch dann, wenn jemand aus Versehen ein paar volle Gläser fallen ließ. Im letzteren Fall wird mein Gegenüber meine Intonation mit Spott in der Stimme schon richtig zu deuten wissen.

Die Katze hingegen verläßt sich nur zum Teil auf ihre Lautgebung, um zu „sprechen".

Die Mischung macht's

Die Katzensprache besteht aus der Summe der Lautsprache und der Körpersprache, wozu Mimik, Gestik, Körperausdruck und auch Verhalten zählen. Was das Zusammenspiel von Lautgebung und Körpersprache betrifft, könnte man sogar so weit gehen, zu sagen, daß die Lautsprache die übergeordnete Gestik und Mimik nur unterstützt. Folglich müssen wir also unsere Katze genau beobachten, wenn wir erfahren wollen, was sie uns wirklich zu sagen hat und was ihre augenblicklichen Wünsche und Empfindungen sind. Auf diese Weise sind wir auf Dauer in der Lage, zu verstehen, was unsere Katze bewegt, was sie uns mitteilen will und mit welchen Wün-

schen sie an uns herantritt – egal ob sie dafür auch ihre Stimme benutzt oder diese eventuell überhaupt nicht einsetzt!

Wie Katzen Wörter lernen

Seit es wissenschaftliche Forschungen auf dem Gebiet der Kleintiere gibt, hat die Experten natürlich auch besonders die Katzensprache – und hier im engeren Sinne die Lautsprache – interessiert. Ganz sicher deshalb, weil „Mensch" nun mal bevorzugt spricht, wenn

er etwas kundtun will. Dabei haben sich erstaunliche Erkenntnisse ergeben: Jede Katze kann lernen, ca. 30 bis 50 unterschiedliche Wörter der Menschensprache zu verstehen. Das heißt nicht, daß sie den Sinngehalt exakt erfassen kann, aber es bedeutet, daß sie die Laute mit bestimmten Verhaltensweisen oder Gegenständen in Verbindung bringt. Das fängt bei ihrem Namen an, auf den sie mit der Zeit gewiß hören wird, und endet mit einer

Das gefällt der Oberkatze bestimmt nicht! Verwenden Sie immer die gleichen Worte, wenn Sie Ihrer Katze so etwas verbieten.

Aufforderung wie „Schluß jetzt!", die Ihre Katze auf Dauer sicher entschlüsseln kann.

TIP: Wenn Sie diese Kenntnis zur „Erziehung" einsetzen, dann denken Sie daran, daß das „Sprachkommando" immer dasselbe sein muß, damit sich Ihre Katze daran gewöhnt. „Schluß jetzt!" – mit anschließendem Vom-Tisch-Nehmen – darf also nicht alternativ morgens: „Urmel, jetzt ist echt gleich Schluß!" und abends: „Jetzt reicht's Urmel, wir wollen nicht an der Butter lecken!" heißen. Ihre Katze wird diese unterschiedlichen Lautfolgen nicht mit derselben Aufforderung verbinden.

DAS 1x1 DER KATZENSPRACHE

Man geht davon aus, daß Katzen in der Lage sind, mehr als 100 verschiedene Töne zu erzeugen. Außerdem gilt als gesichert, daß sie 63 unterschiedliche Arten des Miauens hervorbringen können und außerdem in der Lage sind, mit 75 verschiedenen Körperhaltungen anzuzeigen, was gerade in ihnen vorgeht. Beobachten Sie Ihre Katze, und Sie werden von Mal zu Mal mehr davon verstehen, was Ihre Samtpfote Ihnen gerade mitteilen will!

Wer genau hinhört, wird schon nach kurzer Zeit die unterschiedlichen Miau-Töne seiner Samtpfote unterscheiden können – und dabei geht es nicht nur darum, ob sie sich nach „miau" oder vielleicht eher nach „mau" oder „mmmrrrau" anhören. Wenn Sie Ihrer Katze aufmerksam zuhören, dann werden Sie Unterschiede in den folgenden Bereichen feststellen:

▶ Intensität der Stimme: alles vom leisen Klagen bis hin zum lauten Fordern.

▶ Länge der Lautäußerung: alles von einem kurzen „Hallo" bis hin zum langen „Wann gibt's jetzt endlich was zu fressen?"

▶ Veränderung der Stimmlage: ganz individuell äußert sich die Katze durch das Aneinanderreihen von hohen bis tiefen Tönen. Die meisten Samtpfoten bringen zum Beispiel bei der Essenszubereitung ihre Ungeduld mit interessanten „Arien" zum Ausdruck.

Ohren, Augen, Nase und Schnurrhaare versorgen die Katze mit Informationen aus ihrer Umwelt.

VERSTEHEN KATZEN MEHR ALS MENSCHEN?

Vielleicht hätten Sie es nicht gedacht, aber die Antwort ist eindeutig: Ja! Damit ist nicht die menschliche Fähigkeit gemeint, die Bedeutung unterschiedlicher Wörter und Sprachen entschlüsseln zu können. Gemeint ist die Fähigkeit der Katzen, in einem viel breiteren Frequenzbereich Töne zu hören, als das Menschen oder auch Hunde können.

Empfindliche Ohren

Die menschliche Oberkatze kann feine Signale nur bis ca. 20 kHz hören. Die Katze ist demgegenüber in der Lage, Schall bis zu einem Bereich von 50–60 kHz wahrzunehmen. Ihr Stubentiger hört im wahrsten Sinne des Wortes den elektrischen Strom in der Steckdose fließen. Das ist aber noch lange nicht alles. Mäuse verständigen sich im Frequenzbereich von 40 kHz. Der Mensch nimmt das nicht wahr, die Katze aber mit ihrem empfindlichen Gehör kann diese Mäusesprache empfangen und weiß so, wann die Maus aus ihrem Schlupfloch herauskommt. Katzen haben also keinen geheimnisvollen „siebten Sinn", mit dem sie die Pläne einer Maus vorher-

Nicht nur die Augen, vor allem auch die empfindlichen Ohren helfen der Katze, Beute aufzuspüren.

sehen können – sie hören ganz einfach nur besser als wir Menschen.

TIP: Katzen haben ein derart empfindliches Gehör, welches gegenüber dem des Menschen nicht nur den dreifachen Frequenzbereich abdeckt, sondern auch dieselben Töne, die Sie hören, in der dreifachen Lautstärke wahrnimmt. Schreien, Türenschlagen oder laute Musik sind deshalb eine Qual für Ihre Katze!

Ihre Katze mit ihrem empfindlichen Gehör ist außerdem durchaus in der Lage, feine Untertöne und Tonschwankungen in der menschlichen Stimme wahrzunehmen. Das heißt: Sie sollten schon deshalb versuchen, die Katzensprache zu verstehen, da auch Ihre Katze die Menschensprache zu deuten bemüht ist. Zwar wird Ihre Katze nicht die ganze Sinnbotschaft der Worte entschlüsseln können, aber achten Sie doch zum Beispiel einmal darauf, was passiert, wenn sich zu Hause ein etwas heftigerer „Meinungsaustausch" ankündigt. Oft hat Ihre Samtpfote bereits das Zimmer verlassen, bevor erst eine Minute später die Worte tatsächlich lauter werden.

MISSVERSTÄND-NISSE MIT FOLGEN

Wer die Katzensprache nicht richtig versteht, kann sich durchaus ein dauerhaftes Problem einhandeln. Das betrifft nicht nur den Umgang zwischen Mensch und Katze, sondern auch den von Katze und Hund, wenn beide nicht aneinander gewöhnt sind. Kommt der Hund also gleich bei der ersten Begrüßung stürmisch und aufdringlich auf die Katze zu, wird sie vielleicht als erste Warnung die Pfote heben. Das nun aber interpretiert der Hund gänzlich falsch, denn unter seinesgleichen stellt die erhobene Pfote eine freundliche Begrüßung dar. Schon ist Ärger vorprogrammiert: Der Hund (wie auch viele Menschen) deutet es nicht richtig, wenn nun die Katze mit dem Schwanz hin und her zu peitschen beginnt. Denn was beim Hund als Schwanzwedeln Freude ausdrückt, das bedeutet bei der Katze ärgerliche Erregung. Prompt lassen die Folgen dieses Mißverständnisses nicht mehr lange auf sich warten. Wenn der Hund – vom Jagdinstinkt getrieben – mit der

TIP: Wenn Sie ein Kätzchen neu zu sich nehmen und bereits einen Hund besitzen, dann sollten Sie sich möglichst für ein Jungtier entscheiden, welches innerhalb seiner ersten 12 Lebenswochen bereits in einem Haushalt mit Hund gelebt hat. Dann ist schon von vornherein die Gefahr geringer, daß sich die Tiere im wahrsten Sinne des Wortes „wie Hund und Katze" verstehen.

jetzt flüchtenden Katze noch weiterspielen will und sie irgendwann auch einholt, dann geht das letztendlich nicht ohne leichte oder manchmal gar ernsthaftere Blessuren aus. Wenn es also nun „Kloppe" gibt, dann eigentlich nur deshalb, weil die falsche Deutung der Katzensprache solche katastrophalen Folgen nach sich ziehen kann. Lassen Sie es also am besten gar nicht erst zu einem Mißverständnis kommen.

Untersuchen wir im Folgenden nun systematisch, mit welchen Mitteln sich die Katze mit Ihnen und anderen Katzen verständigt. Dazu zählen neben Lautäußerungen also auch Körperhaltung und -bewegung, Berührungen und das Setzen von Marken, zum Beispiel von Duftmarken.

Trotz Größenunterschied zwei, die sich gut verstehen.

Wachsen Hund und Katze gemeinsam auf, gibt es selten Mißverständnisse.

Und schließlich kann man als Katze auch noch mit Hilfe verschiedener weiterer non-verbaler Handlungen seinen Willen kundtun. Um es dem Menschen nicht zu einfach zu machen, kombiniert Mieze die ihr zur Verfügung stehenden Kommunikationsmittel. Doch mit etwas Übung können Sie den Code knacken. Lernen Sie Kätzisch: es ist ganz einfach!

NEHMEN SIE SICH ZEIT

Wie bei jeder neuen Sprache, die man lernen möchte, ist es auch bei der Katzensprache das wichtigste, sich regelmäßig Zeit für das Üben zu nehmen. Und das geht natürlich nur zusammen mit Ihrer Katze. Mindestens eine Stunde „Sprachunterricht" am Tag sollte es sein. Doch keine Angst, kein hartes Vokabeln „büffeln" oder trockenes Grammatikpauken erwartet Sie, sondern eine ganz vergnügliche, entspannte Art zu lernen. Spielen, streicheln, schmusen und beobachten sind angesagt. Wenn Sie dann eine entspannt schnurrende Samtpfote im Arm halten, ist das der Dank für die erste erfolgreich absolvierte Lektion.

Lernen Sie Kätzisch – Lektion 1

Die Bedeutung der Lautgebung

Auch wenn die Katze eine andere Sprache als unser „Menschisch" spricht, kann sie durchaus mit uns kommunizieren. Und wir Menschen können lernen, das Gehörte zu verstehen.

Fauchen – ein unmißverständlicher Laut.

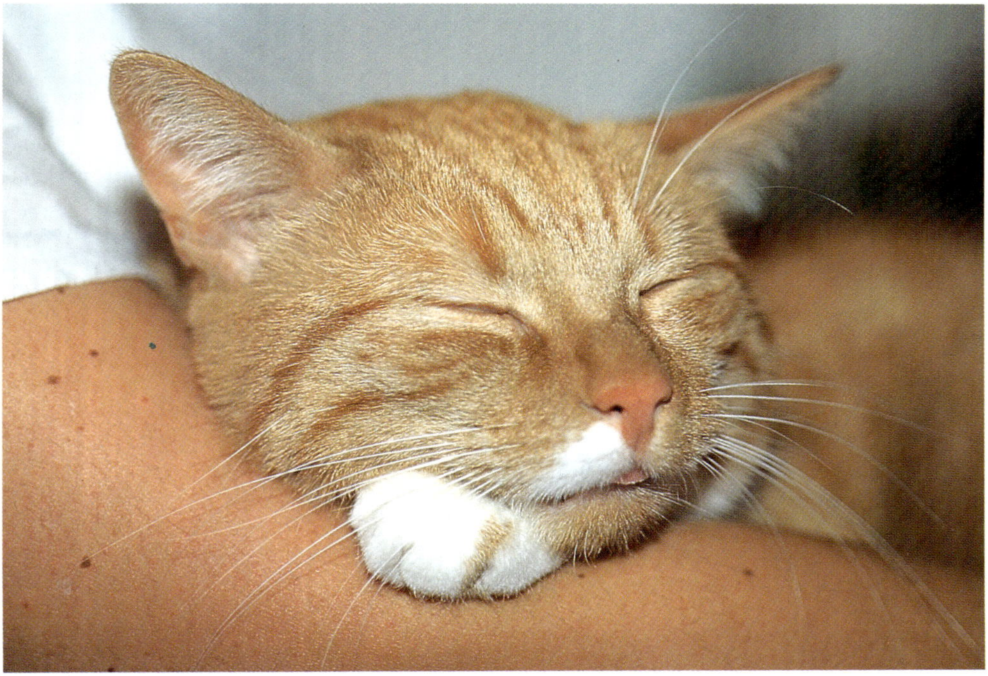

Es ist nicht schwer, zu verstehen, was eine wohlig schnurrende Katze sagen will.

Katzenspiele finden selten völlig lautlos statt.

Die beiden verstehen sich ganz ohne Worte.

BEREDTE KATZEN

Fast alle Säugetiere setzen ihre Stimme dann ein, wenn sie erregt sind oder sich eine Gefahr ankündigt. Ansonsten gehören sie aber eher zu den stummen Zeitgenossen. Auf die Katze trifft dies allerdings nicht zu. Katzen gebrauchen ihre Stimme auch dazu, um sich zu unterhalten – mit anderen Katzen und mit uns Menschen. Das merken Sie schon bei einer ganz einfachen „Konversation", wenn Sie z. B. zur Tür hereinkommen und Ihre Katze begrüßen: Je nach Temperament antwortet sie Ihnen nicht nur mit Mimik und Gestik, sondern auch in ihrer eigenen Sprache – das kann eine kurze „Mau"-Bestätigung sein oder auch ein langgezogenes und hochtoniges Begrüßungs-„Miiiauuuu".

WIE LERNEN KATZEN „SPRECHEN"?

Wissenschaftler haben lange gerätselt, wie eine Katze ihre Lautsprache eigentlich erlernt. Unbestritten ist nämlich, daß auch taube Katzen die gesamte Bandbreite der Lautgebung beherrschen, obwohl sie in ihrem Leben noch nie einen einzigen Ton hören und damit nachahmen konnten. Heute vermutet man, daß der Spracherwerb bei Katzen anders als beim Menschen verläuft.

Die Theorie besagt, daß dem Menschen-Baby die Fähigkeit in die Wiege gelegt ist, alle erdenklichen Laute und Lautfolgen zu bilden. Es wird aber nur auf Laute und Worte der Sprache geprägt, die es von den Menschen in seiner Umgebung hört. Nur diese Teile werden genutzt, das restliche „Repertoire" geht verloren oder liegt brach. Der Mensch lernt das Sprechen nur, wenn er Gehörtes nachahmen kann.

Katzen sind Genießer – Schnurren ist der Laut, mit dem sie ihr Wohlbefinden kundtun.

hervorbringen, dazu gehört auch das Schnurren. Die Annahme, dies bedeute automatisch, daß es der Katze prima gehe, ist allerdings bei näherer Betrachtung nicht immer unbedingt richtig. Schon kleine Kitten können diese Töne hervorbringen. Junge Kätzchen schnurren nämlich beim Saugen – und das ab dem zarten Alter von knapp einer Woche. Der Mutter wird damit zu verstehen gegeben, daß alles absolut in Ordnung ist. Umgekehrt schnurrt auch die Mutterkatze, wenn sie von einem Spaziergang ins Nest zurückkehrt. Damit zeigt sie ihren Jungen, daß sie wieder

Anders ist das bei der Katze: Auch sie verfügt von Geburt an über die ganze Bandbreite ihrer Lautgebung. Ihr Repertoire bleibt aber komplett erhalten, und was sie davon aktiv benutzt, entscheidet sie – je nach Situation oder Ansprechpartner – ganz individuell. Außerdem braucht die Samtpfote, im Gegensatz zum Menschen, keine Erfolgskontrolle mit Hilfe des eigenen Gehörs: Die Laute können also „automatisch" produziert werden, ohne daß die Katze sie über die Ohren zunächst einmal aufnehmen muß, um sie dann selbst erzeugen zu können.

SCHNURREN

Jeder von uns hat es – hoffentlich – schon einmal vernommen: Katzen können stimmlose Laute

Katzenkinder können schon früh „sprechen".

Durch Schnurrlaute beruhigt eine Katzenmutter ihre Jungen: „Alles ist in Ordnung."

da ist und alles seine Richtigkeit hat. Auch heranwachsende Katzen schnurren, wenn sie ältere Katzen zum Spielen animieren wollen. Ranghöhere Katzen tun es, wenn sie sich rangniederen Samtpfoten nähern, um damit zu signalisieren, daß sie in freundlicher Absicht kommen und niemand Reißaus nehmen muß. Das Schnurren, welches wir als menschliche Oberkatze von unserem Stubentiger zu hören bekommen, hat seinen Ursprung ganz sicher in der primären Bedeutung dieser Lautgebung, die be-

reits die kleinen Kitten beherrschen.

Ein Laut – viele Bedeutungen

Schnurren drückt im Normalfall eine freundliche Stimmung und äußerstes Wohlbehagen aus. Schnurren bedeutet: „Ich fühle mich wohl, ich bin zufrieden und glücklich." Die Atmosphäre stellt sich also für die Katze als freundlich und ganz entspannt dar. Diese Äußerung des Wohlbefindens ist zum Beispiel oft dann zu hören, wenn wir unsere Samtpfote streicheln,

aber auch wenn sie frißt oder spielt.

Auch wenn das Schnurren überwiegend Aufgeschlossenheit mit positiver Grundstimmung ausdrückt, so muß es dennoch keineswegs immer heißen, daß alles in Ordnung ist. Katzen schnurren zum Beispiel auch dann, wenn sie krank und geschwächt sind oder wenn sie Schmerzen empfinden. Dann ist dieser Laut auch als Beschwichtigungsversuch zu deuten, um einen potentiellen Angreifer von sich fernzuhalten. Schließlich ist sogar zu be-

**Schnurren kann auch heißen:
„Danke für die Hilfe."**

obachten, daß Katzen
schnurren, wenn sie im Ster-
ben liegen. Das Schnurren
bedeutet in diesem Fall
dann freilich keine friedli-
che Zufriedenheit mehr.
Man nimmt an, daß die Tiere dies dann vor allem deshalb tun, um sich selbst –
und vielleicht auch ihre
Oberkatze – zu beruhigen.
Schnurren kann also auch
eine Mitteilung an sich
selbst und andere sein, sich
zu beruhigen und sich nicht
aufzuregen.
Auch beim Tierarzt kann
man Katzen schnurren
hören. Gemäß der ursprüng-
lichen Bedeutung dieser
Lautgebung mag das heißen,
daß das Tier sich seiner Situation und der Hilfestel-
lung, die man ihm jetzt an-
gedeihen läßt, durchaus
bewußt ist. Nach der Be-
handlung, wenn die

Schmerzen gelindert sind,
wird sich das Tier vielleicht
auch mit einem zusätzlichen
Schnurren bei seiner Oberkatze für die Hilfe bedan-
ken: Es ist wieder alles in
Ordnung!

Schnurren nur Katzen?
Schnurren ist einfach mit-
reißend! Nicht nur Samtpfoten haben die Gabe, diese
Laute hervorzubringen:
Auch Großkatzen wie Löwen
und Tiger sind imstande zu
schnurren. Allerdings ist es
ihnen nur möglich, dieses
schwirrende Geräusch beim
Ausatmen zu produzieren.
Katzen dagegen sind in der
Lage, beim Ein- und beim
Ausatmen zu schnurren,
auch bei geschlossenem
Maul und so lange, wie
es der Situation
entspricht.

Wie schnurren Katzen?
Da uns Menschen das
Schnurren der Katze über-
aus fasziniert (und zwar so
sehr, daß viele ihrer Samtpfote den Namen „Schnurr-
li" geben), wäre es interessant, zu erfahren, wie eine
Katze diese Laute hervor-
bringt. Sie mögen es vielleicht nicht glauben, aber
leider ist es so: Bis zum
heutigen Tage weiß man es
nicht genau! Es gibt zwei
Theorien, die zu erklären
versuchen, wie die Katze
diese Töne produziert.
Die erste – auch für den
Nicht-Wissenschaftler
verständlich

und wohl schon aus diesem Grund „mehrheitsfähig" – resultiert daraus, daß Katzen zwei Paar Stimmbänder besitzen. Außer den beiden „normalen" sorgt ein zweites Paar sogenannter „falscher Stimmbänder" dafür, daß bei jedem Ein- und Ausatmen ein Luftstrom über sie hinwegstreicht und dabei dieser unverwechselbare Laut erzeugt werden kann. Damit der charakteristische Schnurrlaut entsteht, wird die Muskulatur des Kehlkopfes etwa 20 – 30mal in der Sekunde zusammengezogen, wodurch der Luftstrom unterbrochen wird. Das klingt einleuchtend, und wer schon einmal versucht hat, bei seiner schnurrenden Katze einen Finger ganz sanft an die Kehle zu legen, merkt, daß das Schnurren im Kehlkopfbereich seines Tieres erzeugt wird.

Allerdings gibt es aber noch die zweite Theorie, und die ist etwas komplizierter: Etliche Wissenschaftler glauben, daß das Schnurren mit dem Blutkreislauf des Tieres zusammenhängt und, vereinfacht gesagt, das Echo einer Blut-Turbulenz ist. Im Brustraum verengt sich die Hauptvene, die das Blut zum Herzen zurückführt. Nun soll es so sein, daß an dieser Engstelle das pulsierende Blut ein schnurrendes Geräusch erzeugt, welches dann noch durch das Zwerchfell verstärkt wird und schließlich über die Luftröhre in den Schädel aufsteigt, der als Resonanzkörper dient. Auch wenn das alles unwahrscheinlicher klingt, ganz auszuschließen ist es nicht. Es bleibt deshalb vorerst nur, Ihrer Katze einfach ihr faszinierendes Geheimnis zu lassen.

FAUCHEN

Es gibt Äußerungen des Mißfallens, die keines besonderen Einfühlungsvermögens bedürfen, um richtig verstanden zu werden: Auch wer kein Katzenexperte ist, wird unschwer richtig interpretieren, was es bedeutet, wenn die Katze ihn als Besucher im Hausflur fauchend „begrüßt".

Bei dieser wiederum stimmlosen Lautäußerung spielt sich folgendes ab: Der Mund wird halb geöffnet, die Oberlippe hochgezogen und die Zunge bis zum Gaumen nach oben gewölbt. Dann bringt die Katze diesen Laut hervor, der auf jeden, der ihn in unmittelbarer Nähe miterlebt, bedrohlich wirkt. Schnell und kurz stößt sie einen Luftstrom aus, so daß das Gegenüber noch einen Hauch davon in seinem Gesicht verspürt. Das wirkt auf jeden Fall, und der Gegner wird beeindruckt sein.

Eng aneinander gekuschelt fühlen sich Kätzchen wohl.

TIP: Diese Lufthauch-Strategie läßt sich auch bei der Katzenerziehung einsetzen. Katzen mögen es nämlich selbst auch nicht, wenn man ihnen – und sei es auch nur ganz leicht – ins Gesicht bläst. So mancher Katzenhalter, dessen Frühstück mal wieder durch die Mieze gestört wird, setzt dieses Mittel mit Erfolg ein, um sie von Käse und Butter fernzuhalten.

Im übrigen reicht es der Katze in vielen Fällen, als Vorstufe des Fauchens einfach die dazugehörende

Mimik einzusetzen und bereits ohne die entsprechende Lautäußerung denselben Erfolg zu erzielen – Verständigung ganz ohne „Worte".

Fauchen ist eindeutig ein Zeichen der Angst und der Wut. Mitunter signalisiert es, daß das Tier sich unterlegen oder einfach unsicher fühlt, weil es schwer einschätzen kann, was es mit der erblickten potentiellen Gefahr auf sich hat. Fauchen ist damit eher als eine Abwehrhaltung einzustufen und Vorbote einer drohenden Auseinandersetzung – die erste Stufe der Eskalati-

on, bevor mit „harten Bandagen" gekämpft wird.

Das steckt dahinter

Wenn es nun so ist, daß der gekonnte Einsatz des Fauchens in vielen Fällen schon reicht, um einen möglichen Feind abzuschrecken, dann stellt sich natürlich die Frage, warum diese Lautäußerung so wirkungsvoll funktioniert. Die Antwort ist verblüffend: Das Fauchen der Katze ähnelt dem Zischen einer Schlange!

Die meisten Tiere verfügen instinktiv über das Wissen, daß man sich zischenden Schlangen, die oft gefährlich

Auch diese großen Katzen schnurren – nur nicht so gekonnt wie unsere Samtpfoten.

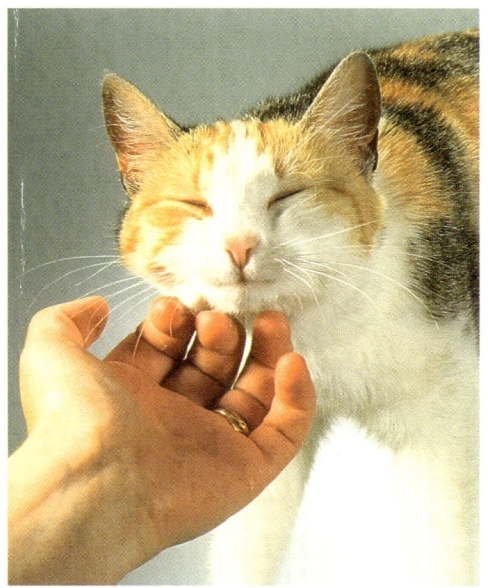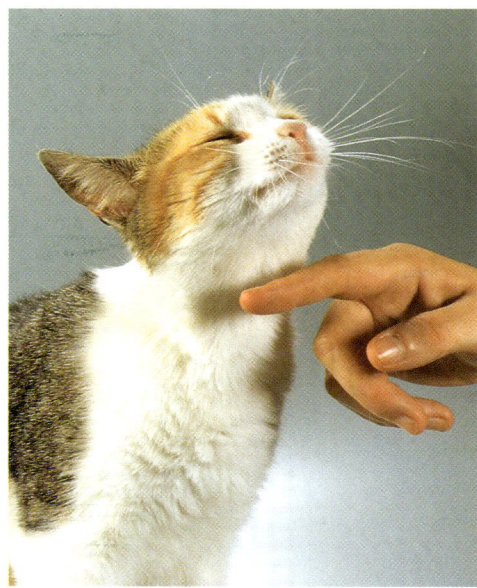

Das Schnurren kann man nicht nur hören, sondern auch an der Kehle fühlen.

und vor allem giftig sind, am besten gar nicht erst nähert. Diesen Zusammenhang haben sich Katzen in ihrer Entwicklungsgeschichte ganz offensichtlich zu eigen gemacht. Die Katze ahmt mit ihrem Fauchen den Zischlaut der Schlangen nach und bewirkt damit, daß der Angreifer zögert oder gar in Furcht erstarrt und ihr so einen Zeitvorsprung zur Flucht läßt – wenn das Geräusch an sich nicht bereits so furchterregend auf ihn wirkt, daß er selbst türmt. Eine wissenschaftliche These besagt außerdem, es sei kein Zufall, daß Haus- und Wildkatzen in vielen Fällen ein getigertes oder dunkel geflecktes Fell haben. Liegt die Katze zusammengerollt auf einem Baum, soll sie in Farbe und Form auf einen möglichen Angreifer aus der Luft wie eine dort ruhende Schlange wirken. Diese Schlangenimitation bewirkt, daß man als Angreifer die womöglich giftige Gefahrenquelle besser in Ruhe läßt und sich ein anderes Opfer sucht.

Sollte das Fauchen einmal nicht zum gewünschten Erfolg führen, gibt es weitere Möglichkeiten, wie man dem Angreifer sein Mißfallen noch unmißverständlicher klarmachen kann…

SPUCKEN

Ist das Fauchen noch als Abwehrgeste zu verstehen, signalisiert die nächsthöhere Stufe vor der Eskalation bereits eine verstärkte Angriffsbereitschaft: Diese Lautäußerung wird als Spucken bezeichnet. Beim Spucken ebenso wie beim Fauchen imitieren Katzen Laute, die auch von Schlangen in Gefahrensituationen und zur Warnung hervorgebracht werden. In vielen Fällen unterstützt die Körpersprache hierbei den Spucklaut: Die Katze schlägt dabei mit einer oder beiden Vorderpfoten auf den Boden.

Allein die Mimik beim Fauchen wirkt bedrohlich.

die ganze Oberlippe hoch, sondern nur die hinteren Mundwinkel. Knurren ist also mit geschlossenem Maul möglich.

Wird in höchster Erregung wiederholt und lautstark geknurrt, bezeichnet man dies auch als Grollen. Man ist gut beraten, sich jetzt von der Katze fernzuhalten: Knurrt der Stubentiger, ist das gegenüber dem drohenden Angreifer nicht mehr nur als gekonnter Bluff zu interpretieren. Diese Laute

Auf diese Weise wird dem Angreifer die absolute Ernsthaftigkeit der Lage zusätzlich klargemacht. Kommt es danach zu einer Auseinandersetzung, wird die Katze in den meisten Fällen das Problem zunächst mit dem Austeilen von Pfotenhieben zu lösen versuchen, bevor die dritte Stufe der Eskalation eingeläutet wird.

KNURREN

Noch ernster ist die Situation, wenn die Katze zu knurren anfängt. Hierbei zieht sie nicht wie beim Fauchen

Kleine Katzen beherrschen schon das ganze Repertoire.

signalisieren die höchste Stufe der Angriffsbereitschaft. Ein Kampf wird dann auch sicher nicht mehr allein mit Pfotenhieben, sondern eher mit Bissen ausgetragen – und das endet für den Angreifer auf jeden Fall mit erheblichen Blessuren.

MIAUEN

Daß eine Katze miaut, wissen schon kleine Kinder. Es ist einfach der Laut, den wir am häufigsten hören, wenn sich die Samtpfote bemerkbar machen will.
Man verbindet mit dem Miauen meist automatisch den Eindruck, die Katze sei unzufrieden, traurig oder fühle sich einsam und verlassen. Gerade letztere Möglichkeit kultiviert die Katze bis ins hohe Alter hinein: Was im Kittenalter noch bedeutet, daß das Junge nach der Mutter ruft, das richtet sich im Erwachsenenalter oft an die menschliche „Ersatzmutter", die sehnsüchtig herbeimiaut wird.
Gerade das aber kann Nachbarn ganz schön nerven und zu einigem Ärger führen. Wenn eine Hauskatze den ganzen Tag über regelmäßig allein gelassen wird, wird sie sich irgendwann auch trotz um sie herum verteilter Spielzeuge einfach langweilen. Und da das Miauen

Eine Katze, die sich alleine fühlt, wird versuchen, durch lautes Miauen ihren Menschen herbeizurufen.

TIP: Wenn Sie den ganzen Tag außer Haus sind, dann entscheiden Sie sich am besten von vornherein für ein Katzenpaar – am besten zwei Jungtiere aus demselben Wurf. Damit ist sichergestellt, daß auch tagsüber „die Post abgeht" und niemand, kläglich allein gelassen, die Oberkatze herbeizumiauen versucht …

irgendwann am Abend zwangsläufig zum Erfolg führt, wird es bei hellhörigen Wänden fortan täglich zur Plage für die Mitbewohner werden.

Miau ist nicht gleich Miau
Will man die Miau-Laute in verschiedene Kategorien einteilen, um einen Überblick zu erhalten, wann Katzen dieses Lautmittel einsetzen, so ist vorab zu sagen, daß jede Katze hier durchaus ihren eigenen „Dialekt" sprechen und auch weiter verfeinern kann. Es gibt also kein allgemeingültiges Wörterbuch, in dem wir ganz einfach nachschlagen könnten, welche Laute denn nun was bedeuten. Deshalb bleibt Ihnen nichts anderes übrig, als Ihre Katze genau zu beobachten, um mit der Zeit herauszubekommen, welche Miau-Töne in welcher Länge und Stimmlage sie wofür benutzt. Ich garantiere Ihnen: Sie werden auf Dauer deren Bedeutung korrekt entschlüsseln und damit auch die Sprache Ihres Vierbeiners immer besser verstehen.
Die Anlässe, zu denen unterschiedliche Miau-Laute her-

DAS SAGT DAS MIAUEN

Mitteilungslaute
▶ So beginnt die Katze ein „Gespräch".
▶ Sie will sich bemerkbar machen.
▶ Sie verlangt nach Aufmerksamkeit.

Erregungslaute
▶ Die Katze hat ein Problem und braucht Hilfe.
▶ Eine neue Situation erregt die Katze.
▶ Die Mieze wartet ungeduldig darauf, bis der Napf gefüllt ist.

Ruflaute
▶ Das Kitten ruft seine Mutter herbei.
▶ Die Katze verlangt nach ihrem Futter.
▶ Die Spielgefährten werden herbeigerufen.

Jagdlaute
▶ Die Katze hat ein Beutetier erspäht.

Revier- und Abwehrlaute
▶ Die Katze verteidigt ihr Revier.
▶ Angreifer werden eingeschüchtert.

vorgebracht werden, lassen sich ganz grob in mehrere Kategorien unterteilen, die uns helfen, der jeweiligen Bedeutung dieses Sprachelements ein bißchen besser auf den Grund zu gehen.

GURREN UND MAUNZEN

Als Ergänzung zum Miauen kann die Katze helltonige Gurrlaute und leisere maunzende Töne produzieren. Das Gurren wird zur Begrüßung eingesetzt oder einfach zur Unterhaltung mit Menschen und Artgenossen. Wenn die Katze maunzt, kann das auch bedeuten, daß ihr langweilig ist, sie Kritik an einer Sache anzubringen hat oder sie ganz gezielt versucht, beim Menschen etwas zu erbetteln. Jeder, der eine Katze hält und in der Küche gerade etwas vorbereitet, muß selten lange warten, bis seine Samtpfote, von den feinen Gerüche geradezu magisch angezogen, sich durch Dauermaunzen Chancen

Wer würde sich nicht sofort um solch ein maunzendes Kätzchen kümmern wollen?

ausrechnet, daß ja vielleicht doch etwas „abfällt". Leises Maunzen ist dann zu hören, wenn uns die Katze ihre Zustimmung signalisieren will – zum Beispiel weil wir ihre Sprache verstanden haben und exakt das tun, was sie von uns in diesem Augenblick verlangt. Wissenschaftler nehmen an, daß Katzen untereinander Gurrlaute auch durch verschiedene Lautstärken variieren und diesen Lautfolgen somit verschiedene Bedeutungen geben können.

KREISCHEN

Haben Sie schon einmal eine Katze erlebt, der gerade Schmerzen zugefügt wurden oder die in Bedrängnis geraten war? Dann kennen Sie auch dieses unüberhörbare kreischende Schreien und haben sicher keine Mühe, dessen Bedeutung sofort zu verstehen. Es ist eine weitere Abwandlung des einfachen Miauens und kommt dadurch zustande, daß dessen zweite Silbe extrem scharf und laut hervorgebracht wird.

Mit ihren faszinierenden Augen ziehen Katzen viele Menschen in ihren Bann.

Mit einem wachsamen, gespannten Ausdruck schleicht sich diese kleine Katze an.

Zwischen Neugier und Angst: Katzenmilch kennt sie nicht.

Lernen Sie Kätzisch – Lektion 2

Was Gestik und Mimik verraten

Auch ohne viele „Worte" und Laute ist die Katze in der Lage, ihre augenblickliche Stimmung und Gemütslage zu zeigen.

Manche Grimassen reizen zum Lachen.

KOMMUNIKATIVE KÖRPER

Mehr noch als beim Menschen dient die gesamte Körperhaltung der Katze dazu, ihren Gedanken und Absichten Ausdruck zu verleihen. Hier verhält es sich jedoch ähnlich wie mit dem „Katzen-Wörterbuch", das es nicht gibt: Eine eindeutige Zuordnung einer einzelnen Geste oder eines bestimmten Gesichtsausdrucks zu einer konkreten Bedeutung ist kaum möglich. Denn sowohl bei Katzen als auch bei Menschen wirken Sprache, Mimik, Gestik und die Körperhaltung zusammen. Dieses Zusammenspiel verrät uns letztendlich, was in unserem Tier gerade vorgeht. Die Körpersprache läßt sich aber in Einzelelemente „zerlegen", um zu beschreiben, mit welchen Mitteln die Katze eine bestimmte Absicht oder Gemütslage ausdrücken kann.

DIE SCHNURRHAARE

Unsere Stubentiger verfügen im Schnitt über 24 Schnurrhaare – je ein Dutzend davon auf jeder Seite der Nase. Diese wirken wie Fühler und sind in der Lage, die leisesten Luftströmungen wahrzunehmen. Selbst sich nicht bewegende Gegenstände lenken Luftströme ab, die dann in eine bestimmte Richtung in unmittelbarer Umgebung der sich nähernden Katze weiterfließen. So können Katzen im wahrsten Sinne des Wortes mit diesen Schnurrbarthaaren auch im Dunkeln „sehen" und Gegenstände umgehen, ohne sie zu berühren. Die Stellung der Schnurrhaare zeigt darüber hinaus, wie es um die momentane Stimmung unserer Samtpfote bestellt ist. Dabei sind drei Stellungen zu unterscheiden, die wir ganz einfach auseinanderhalten können.

Drei Stellungen

▶ Die Ruhestellung: In dieser Normalstellung sind die Schnurrhaare seitwärts gerichtet und wenig gespreizt.
▶ Die Aktionsbereitschaft: Weckt ein Ereignis gesteigerte Aufmerksamkeit, gerät die Katze also verstärkt in Erregung, so stellen sich die Schnurrbarthaare nach vorn gerichtet auf und erscheinen viel breiter gefächert als in der Ruhestellung.
▶ Die Zurückhaltung: Wenn die Schnurrhaare schmal zusammen und gleichzeitig eng ans Gesicht angelegt sind, signalisiert das den Wunsch, sich zurückzuziehen, zum Beispiel aus Scheu, Angst oder Mißtrauen.

Selbstverständlich gibt es auch „Zwischenstufen": Untersucht die Katze zum Beispiel einen Gegenstand in ansonsten ruhiger Umgebung, so wird sie ihre Schnurrhaare zwangsläufig ein bißchen zurücklegen, da sie sie zur Erkennung von Duftspuren freilich nicht benötigt.

DER SCHWANZ

Die Stellung des Schwanzes und dessen Bewegungen sind ein hervorragender Anzeiger dafür, in welcher Stimmung sich unsere Katze gerade befindet.
Jeder von uns hat schon einmal beobachtet, daß die Katze mit dem Schwanz wedelt. Interessant ist, warum sie dies tut. Stürzen zwei völlig verschiedene Eindrücke auf das Tier ein, so befindet es sich in einem Konflikt. Zum Beispiel erschreckt ein entferntes lautes Geräusch, weckt aber gleichzeitig Neugier – soll man jetzt der Sache auf den Grund oder doch lieber in Deckung gehen? Immer wenn die Katze vorübergehend geradezu hin- und hergerissen ist, wird sie mit dem Schwanz wedeln. Damit drückt sie keineswegs – wie Hunde – eine besondere Freude aus, aber auch nicht zwangsläufig eine ärgerliche Angriffsstimmung, wie mitunter behauptet wird. Erst wenn sich der Konflikt für die Katze gelöst und sie eine Entscheidung getroffen hat, was nun zu tun ist, hört das Schwanzwedeln unverzüglich auf. Ganz grob lassen sich die Schwanzbewegungen folgendermaßen differenzieren.

Was er verrät

▶ Lockeres Herunterhängen drückt eine ausgeglichene Stimmung aus – alles ist normal.
▶ Schnelles und ruckartiges Hin- und Herbewegen signalisiert Erregungen jeglicher Art.
▶ Ein peitschender Schwanz zeigt eine Steigerung des Erregungszustandes an: Mieze ist verärgert. Es ist nicht auszuschließen, daß danach der Schwanz hochschnellt und das Tier zum Angriff übergeht.

Die Schnurrhaare sind „Fingerspitzen" und auch Kommunikationsmittel.

Wenn die Katze nach ihrer Begrüßung vor Ihnen mit erhobenem Schwanz davongeht, dann folgen Sie ihr doch einfach mal; die Chance ist recht groß, daß sie Ihnen nun etwas zeigen will!

DAS FELL

Was sich mitunter auch am Schwanz beobachten läßt, ist eine weitere Form, wie die Katze ihre Stimmung ausdrückt: Ihr Fell bzw. ihre Haare liegen nämlich nicht immer glatt am Körper an. Wurde die Samtpfote in Angst und Schrecken versetzt, ist gut zu sehen, wie sich ihr das gesamte Fell sträubt, alle Haare „zu Berge stehen". Ganz anders sieht es aus, wenn sie Verteidigungs- oder Angriffsbereitschaft signalisiert. Dann sträuben sich nur die Haare der Wirbelsäule entlang und am Schwanz.

DER KATZENBUCKEL

Immer dann, wenn sich die Angst vor etwas mit dem entschiedenen Willen zur Verteidigung mischt, können wir eine bekannte Haltung an der Katze beobachten: den Katzenbuckel.

Auch hier sträubt sich das Fell, die Katze steht mit völlig durchgestreckten Beinen da und krümmt gleichzeitig ihren Rücken, so daß er wie ein umgekehrtes „U" erscheint. Diese Körperhal-tung ist besonders dann angesagt, wenn Mieze es mit einem nicht gerade kleinen Gegner wie einem Hund zu tun hat, vor dem es jedoch zwecklos ist davonzulaufen. Durch diese Stellung, in der sich Furcht (gekrümmter Rücken) mit Drohung und Aggression (durchgedrückte Beine) mischt, erreicht das Tier, daß es viel größer aussieht, als es eigentlich ist. Mit wild gesträubtem Fell und drohendem Fauchen kann so mancher Angreifer so sehr eingeschüchtert werden, daß er es vorzieht, nicht zu kämpfen.

Der Katzenbuckel ergibt sich von ganz allein, wenn eine unentschlossene Katze zwei Dinge gleichzeitig tut: mit Größe imponieren und ausweichen. Während sie noch hocherhoben und fest auf den Hinterbeinen steht, weicht sie mit den Vorderbeinen schon in eine Verteidigungsstellung zurück. So resultiert der Katzenbuckel zwangsläufig aus diesem inneren „Hin und Her".

Daneben gibt es noch eine völlig andere Bedeutung des Katzenbuckels: Schleicht die Katze sanft um uns herum - nun aber mit angelegten Haaren, maunzend oder schnurrend -, so verlangt sie natürlich nach etwas ganz Bestimmtem: sich mit ihrem Menschen ein bißchen zu unterhalten oder, noch besser, gestreichelt zu werden.

DAS SAGT DER SCHWANZ

Der Schwanz...	
...zeigt in großem Radius nach unten, an der Spitze wieder nach oben.	▶ Die Katze ist entspannt und zufrieden.
...zeigt in großem Radius leicht nach oben.	▶ Die Katze ist aufmerksam und neugierig geworden.
...ist in einem Bogen aufwärts gerichtet und gesträubt.	▶ Defensivhaltung, aber Angriff nicht ausgeschlossen.
...ist hoch erhoben, die Spitze zeigt senkrecht nach oben.	▶ Zufriedene, freudige Begrüßung. ▶ Kann aber auch Wut ausdrücken.
...ist hoch erhoben, die Spitze ist umgeklappt.	▶ Freudige Begrüßung mit leichter Unsicherheit.
...ist hoch erhoben und zittert.	▶ Die Katze ist freudig erregt.
...gleicht einem Fragezeichen.	▶ Mieze ist bester Laune und voller Tatendrang.
...ist gesenkt und gesträubt.	▶ Dies zeigt Angst und Furcht.
...ist ganz nach unten gesenkt oder sogar zwischen die Hinterbeine gezogen.	▶ Unterwerfungsgeste.
...ist seitlich nach vorn angelegt.	▶ Verlegenheit. ▶ Sexuelle Erregung, zeigt Bereitschaft der rolligen Katze.
...ist waagerecht ausgestreckt und gesträubt.	▶ Aggressive Grundstimmung, bereit zum Angriff.
...ist nur an der Wurzel gestreckt, hängt sonst nach unten und die Spitze zuckt.	▶ Droh- und Abwehrhaltung bei leichter Erregung.

DIE KOPFHALTUNG

Wer genau hinsieht, der wird feststellen, daß die Katze - viel mehr als wir Men-

schen – ihre Kopfstellung nicht nur deshalb verändert, um eine Sache besser sehen zu können. Es gibt fünf Grundstellungen des Kopfes, die viel darüber aussagen, was unsere Samtpfote gerade fühlt.

Kopfarbeit

▶ Ist der Kopf hoch erhoben, ist alles okay und die Stimmung gut.

▶ Streckt sie den Kopf vor, dann ist die Katze neugierig geworden und möchte einen Gegenstand etwas genauer inspizieren oder sich einem anderen Lebewesen zur ersten friedlichen „Untersuchung" nähern.

▶ Senkt Mieze den Kopf, so drückt das unmißverständlich Desinteresse aus. Bei der Kommunikation mit einem Artgenossen bedeutet es, daß sie keine Lust auf Provokationen hat – und auch andere jetzt nicht reizen oder ärgern will.

▶ Hebt die Katze den

Schwanzwedeln: bei Katzen als Warnung zu verstehen.

Kopf und zieht ihn dabei zurück, will sie ihrem Gegenüber sagen, er soll sie jetzt bitte in Ruhe lassen und verschwinden – andernfalls wird sie vielleicht doch angreifen.

▶ Und was ist, wenn die Katze den Kopf abwendet und zur Seite guckt? Das

drückt – wie auch beim Menschen – eine Verlegenheitsstimmung aus. Oder sie versucht, eine drohende Eskalation durch Wegsehen zu vermeiden.

DIE AUGEN

Pupillen weiten sich, wenn die Lichtintensität der Umwelt abnimmt – und sie verengen sich bei starkem Lichteinfall. Das ist bei Mensch und Katze gleich – außer vielleicht dem kleinen Unterschied, daß sich unsere Pupillen nicht zu kleinen vertikalen Schlitzen verengen. Außerdem gibt es noch einen anderen Einfluß auf die Form der Pupille: die Entfernung zum betrachteten Objekt. Wird ein Gegenstand fixiert, dann verengen sich die Pupillen um so mehr, je näher dieser Gegenstand dem Auge ist. Vergrößert sich der Abstand zum Objekt, erweitern sich die Pupillen allmählich wieder. Auch das können Sie bei einem Blick in den Spiegel an sich selbst beobachten. Neben diesen beiden Ursachen für die Veränderung der Pupille ist die Katze darüber hinaus aber auch noch in der Lage, mit der Pupillengröße ihren Erregungsgrad anzuzeigen.

Die Pupillengröße

▶ Weiten sich die Pupillen bei ansonsten unveränderten Rahmenbedingungen, so deutet das auf eine starke Erregung hin – egal ob es sich um einen positiven (wie ein gefüllter Futternapf) oder negativen Auslöser (wie Angst vor einem herannahenden Hund) handelt.

▶ Verengen sie sich hingegen, so ist dies ein Zeichen von Gelöstheit und Interesse. Es kann aber auch bedeuten, daß das Tier gleich furchtlos zum Angriff übergeht.

Wenn Sie Ihrer Katze ihre Gemütslage „von den Augen ablesen" wollen, dann sollten Sie nicht nur darauf achten, wie weit oder eng die Pupillen momentan sind. Viel bedeutungsvoller ist die Veränderung der Pupillenweite, während die anderen Einflußfaktoren (Helligkeit und Entfernung zum anvisierten Objekt) gleich bleiben.

TIP: Katzen mögen es überhaupt nicht, wenn man sie mit starrem Blick fixiert. Das wirkt bedrohlich und aggressiv auf sie. Lassen Sie also Ihren Blick ein bißchen kreisen. Wenn Sie Ihre Katze genauer mustern wollen, dann tun Sie es am besten dann, wenn sie gerade abgelenkt ist und es nicht bemerkt.

Der Katzenbuckel drückt Angst und Angriffsbereitschaft aus und läßt die Katze größer erscheinen.

DIE OHREN

Nicht nur zum Wahrnehmen von Tönen ist das Gehör der Katze besser als das des Menschen ausgebildet. Auch die Fähigkeit, die Ohren in Richtung der wahrgenommenen Geräuschquelle drehen zu können, ist keinem menschlichen Wesen vergönnt. Gleichzeitig aber ist die Stellung der Ohren, die auch beide unabhängig voneinander bewegt werden können, ein gut sichtbares Barometer für die emotionale Lage unseres Wohnungsgenossen.

DIE BEINE

Die Körperhaltung, die sich durch die Stellung der Beine ergibt, weiß jeder fast automatisch zu deuten, ist sie doch – auch aus menschlicher Sicht – ganz einleuchtend. Wer „gut drauf" und selbstbewußt ist, der macht sich groß, wem eher danach ist, sich lieber rasch zu verkrümeln, der macht sich so klein wie möglich. Aus dieser Erfahrung heraus kann man die „Sprache" der Beine in drei Kategorien einteilen.

Beinarbeit

▶ Hocherhobene Beine und aufrechter Gang signalisieren Sicherheit und Souveränität, mitunter auch Angriffsbereitschaft.

Mit gesträubtem Fell faucht die Katze ihren Gegner an.

▶ Knicken die Hinterbeine etwas ein, dann ist das Tier verunsichert und angsterfüllt.
▶ Duckt sich die Katze, sind Unsicherheit und drohende Gefahr, gepaart mit Abwehrbereitschaft, der Grund dafür.

Nicht nur Samtpfötchen

Die Lautsprache ist ein hervorragendes Mittel, um als Katze die gebührende Beachtung zu finden. Katzen entwickeln aber noch andere Kommunikationsmöglichkeiten, um diesem Bedürfnis Ausdruck zu verleihen. Nicht nur die Beine, sondern ganz speziell die Krallen können zu einem wirkungsvollen Kommunikationsmittel werden. Als vierbeiniger Mitbewohner lernt man schon früh, wie man die Aufmerksamkeit der Oberkatze auf sich lenken kann. Wiederholtes Kratzen nachts an der

Enge Pupillen: Die Katze fixiert etwas mit großem Interesse.

DAS SAGEN DIE OHREN

Die Ohren…

…sind nach vorn gerichtet.	▶ Die Katze ist entspannt, aber aufmerksam.
…sind gespitzt und nach vorn gedreht.	▶ Die Katze ist erregt.
…sind aufgerichtet und zucken leicht.	▶ Dies zeigt Unsicherheit und Unentschlossenheit.
Ein Ohr ist aufgestellt, das andere angelegt.	▶ Die Katze fühlt sich unwohl, hat Angst.
…sind flach zur Seite gelegt.	▶ Angst und Furcht, aber auch Verteidigungsbereitschaft und Zorn.
…sind leicht nach hinten gelegt, dabei seitlich gedreht.	▶ Mieze ist bester Laune und voller Tatendrang.
…liegen flach am Kopf.	▶ Defensiv- und Abwehrhaltung.

Schlafzimmertür führt fast immer zum Erfolg. Die Nachtruhe ist dahin, und man möchte seine Türe schonen, also macht man sie auf. Was aber lernt die Katze daraus? Durch das Kratzen hat sie ihr Ziel erreicht, und deshalb wird sie es immer wieder tun. Wer als Katzenhalter darauf eingeht, hat das Spiel verloren – und zwar für immer. Wenn Sie nicht reagieren, wird Ihre Tür zwar einige Spuren davontragen, aber seien Sie versichert, nach gewisser Zeit gibt auch die hartnäckigste Katze auf, wenn ihr Verhalten nicht

Weite Pupillen: Eine neue Situation hat die Katze in Erregung versetzt.

den erwünschten Erfolg bringt. Ihr Erziehungserfolg hängt ausschließlich von Ihrer Willensstärke ab. Denn nur wenn Sie dem Ich-will-etwas-erreichen-Kratzen stur begegnen und so tun, als würden Sie Ihren Stubentiger dieses Mal absolut nicht verstehen, können Sie diese Art der Kommunikation abstellen.

Sie sehen, es gibt neben der Lautsprache die vielfältigsten Möglichkeiten, wie unsere Samtpfote

ihre Gemütslage – und zum Teil auch ihre Gedanken – mit Hilfe der Körpersprache zeigen kann. Im nächsten Kapitel möchte ich jetzt Ihre Aufmerksamkeit auf einen weiteren Teil der Katzensprache lenken, nämlich auf Verhal-

tensmuster und Gesten, die „Mensch" nicht immer richtig zu interpretieren weiß, weil sie in der Welt der Oberkatzen so nicht vorkommen.

Angst: geduckte Körperhaltung und angelegte Ohren.

Lautstarkes Drohen ...

... und lautloses Anschleichen

Lernen Sie Kätzisch – Lektion 3

Katzenverhalten verstehen

Mitunter sieht man Katzen sonderbare Grimassen ziehen. Andere Samtpfoten treten ausdauernd auf unserem Schoß herum. Was bedeutet das?

Typisch Katze: den Spieltrieb ausleben, die Neugier befriedigen.

TRETELN

Haben Sie auf Ihrem Bauch vielleicht ein paar ganz zarte Kratzspuren Ihrer Katze, ohne daß dies die Folgen einer kleinen Auseinandersetzung wären? Wenn ja, dann sind Sie sicher mit einer ungewöhnlichen Geste des Wohlbehagens bedacht worden: dem sogenannten Treteln. Dieses Verhalten entspringt einer Handlung, die die kleinen Kätzchen bereits instinktiv beherrschen. Die Kitten treteln bei ihrer Mutter und bearbeiten damit sanft das Gesäuge, um den Milchfluß anzuregen. Diese frühkindliche Gebärde ist auch älteren Katzen erhalten geblieben. Nicht jede tretelt, aber wenn, dann suchen sich viele dafür ihre menschliche Bezugsperson aus.

Man nimmt an, daß dieses Verhalten bevorzugt dann auftritt, wenn die Jungen zu früh von ihrer Mutter getrennt wurden (also im Schnitt vor der zwölften Lebenswoche) und sie diesen Mutterentzug später mit der ihnen vertrauten Bewegung zu kompensieren versuchen. Allerdings treteln auch Katzen, die ihre Mutter nicht zu früh verlassen mußten. Höchstwahrscheinlich ist dieses Verhalten dann einfach ein Relikt aus ihrer Kinderzeit und tritt in Situationen auf, in denen sie sich rundum wohl fühlen. Sind Sie also als Tretelkissen auserwählt worden, dann ist das ein großes Kompliment. Ihre Samtpfote will Ihnen sagen, daß sie sich wohl fühlt und rundum zufrieden ist.

Auch wenn es noch so entzückend ist, eine schnurrende und gleichzeitig tretelnde Katze auf dem Schoß zu haben, es muß nicht immer sehr angenehm sein. Beim Treteln vollzieht die Katze leichte Trampelbewegungen mit gespreizten Pfoten, wobei die Krallen abwechselnd aus- und eingefahren werden. Was „Mensch" im Winter mit einem dicken Pullover gut übersteht, das kann im Sommer bisweilen auch mal schmerzhaft werden, wenn man, nur mit einem dünnen T-Shirt bekleidet, von seinem tretelnden Liebling bearbeitet wird. Versuchen Sie dann trotzdem nicht, Ihrer Katze das abzugewöhnen. Das funktioniert nicht. Sie sind einfach der oder die „Auserwählte"; da hilft nur, mächtig stolz darauf zu sein und die Sache ansonsten auf sich beruhen zu lassen.

TIP: Treteln ist auch ein Liebesbeweis. Wenn es zu schmerzhaft werden sollte, schützen Sie sich mit einer kleinen Decke, die als „Puffer" dient. Oft hilft es auch, der Katze ein Ersatz-Tretelobjekt anzubieten, zum Beispiel ein Kissen. Einen Versuch ist es auf jeden Fall wert.

Bettdecken und Kopfkissen eignen sich hervorragend dazu, bei menschlicher Abwesenheit dem Treteln zu frönen. Wenn Sie nun Ihre beste Seidenbettwäsche aufgezogen haben, wird diese auf die Dauer ziemlich zerrupft aussehen. Aber trösten Sie sich: Erstens gibt es Schlimmeres – und Schlafzimmertüren – zweitens meint es Ihre Katze nicht böse, und drittens hat sie dokumentiert, daß sie ein paar schöne Minuten hatte. Was wollen Sie also mehr…?

SINGEN

Wer auf dem Lande wohnt und nachts bei offenem Fenster schläft, wird schon des öfteren von „Katzenmusik" in seiner Nachtruhe gestört worden sein: Vor allem Kater sind Meister in lautem und unüberhörbarem Gesang, der übrigens nicht – wie oft vermutet – dafür eingesetzt wird, seiner Ange-

Entspannt, aber aufmerksam beobachtet sie ihr Revier.

Während des Saugens treteln die Kitten, um den Milchfluß der Mutter anzuregen.

himmelten zu imponieren. Im Gegenteil: Diesen Gesang hört man bei Streitigkeiten und Revierkämpfen. Er wird von Artgenossen sofort als Kampf- und Drohlaut erkannt.

Gesangskünstler

Selten ist davon zu hören oder zu lesen, aber es gibt tatsächlich Katzen, die eigene Liedkompositionen singen. Ich wollte es auch nie so recht glauben, aber nachdem sich unser dritter Katzenzuwachs, Anastasia, bei uns eingewöhnt hatte und sich nun offensichtlich pudelwohl fühlt, fängt sie tatsächlich mitunter an – natürlich bevorzugt nachts – vor unserer Schlafzimmertür in höchsten Tönen und verschiedensten Stimmlagen zu singen. Es zeigte sich sehr schnell, daß das Singen für sie reiner Selbstzweck ist und ihr einfach Spaß macht, ohne daß sie damit irgendwelche Ziele verfolgt. Es geht nicht um Ins-Zimmer-Wollen oder Hunger-Haben, sondern schlicht um die Freude an diesen eigenen Lauten.

Eine kommunikative Funktion scheint diese Art von Gesang nicht zu haben: Unsere anderen Katzen schauen diesem Schauspiel regelmäßig fasziniert, aber „wortlos" zu. Und so lasse ich Anastasia ihr Glücksgefühl und lausche den Tönen, auch wenn ich mir manchmal durchaus eine andere Zeit dafür wünschen würde als gerade nachts um zwei.

SCHNATTERN – EINE ÜBERSPRUNGS- HANDLUNG

Die Katze sitzt auf der Fensterbank, draußen bewegt sich ein kleiner Vogel auf den Ästen, und schon passiert es: Durch schnelles Auf- und Abbewegen des Kiefers beginnt die Katze mit den Zähnen zu klappern, und es entsteht ein schnatterndes oder mitunter sogar meckerndes Geräusch. Keine Angst: Ihre Samtpfote zeigt Ihnen jetzt nicht verärgert an, daß sie die Beute draußen nur deshalb nicht erreichen kann, weil Sie Fenster und Türen geschlossen halten. Nein, der Schnatterlaut ist eine Art Übersprungshandlung. Die Katze führt automatisch Bewegungen wie beim Beutefang aus, ähnlich wie sie draußen in der Natur mit ihrem Tötungsbiß Beute erlegt. Schnattern ist also eine völlig unbewußt und unwillkürlich ablaufende Handlung, die einzig und allein durch den Anblick des nahen Beutetieres ausgelöst wird. Es ist deshalb abwegig, anzunehmen, daß Ihr Stubentiger Ihnen auf diese Weise seinen Frust über das „Eingesperrtsein" zeigen will.

Aber auch wenn das Geräusch durchaus komisch klingt, sollte „Mensch" trotzdem nicht darüber lachen. Katzen können das nämlich nicht richtig einordnen. Sie merken aber durchaus, wem diese sonderbaren menschlichen Töne, begleitet von merkwürdigen Grimassen, gelten, und sind dann irritiert, peinlich berührt oder gar beleidigt.

FLEHMEN

Haben Sie das schon einmal gesehen: Die Katze sitzt regungslos da, der Kopf ist leicht erhoben, das Maul halb geöffnet und die Mundwinkel sind ein bißchen zurückgezogen. Die Nasenlöcher sind geweitet und im Nasenbereich lassen sich, bedingt durch diese „Grimasse", Längs- und Querfalten („gerümpfte Nase") sehen. Diese Mimik nennt man „Flehmen". Schon bei

Gähnen entspannt und lockert die Muskulatur.

Der typische Gesichtsausdruck beim Flehmen.

Nur Säugetiere flehmen, die über ein zweites Geruchsorgan verfügen, welches als Jacobson'sches Organ bezeichnet wird. Es liegt im Gaumenbereich der Katze und ist für die Geruchs- wie auch Geschmacksaufnahme zuständig. Eine Katze flehmt automatisch immer dann, wenn sie Düfte wahrnimmt, die sie besonders erregen. Durch die spezielle Grimasse, die sie dabei, wie oben beschrieben, schneidet, wird es ihr erleichtert, diese Gerüche durch das Jacobson'sche Organ aufzunehmen und zu verarbeiten.

In Studien wurde nachgewiesen, daß das Flehmen hauptsächlich durch Sexuallockstoffe (Pheromone) ausgelöst wird. Ob Katzen auch ganz andere starke Gerüche, die sie mit Hilfe des Flehmens genauer wahrnehmen, einfach in diese Kategorie einordnen, läßt sich vermuten, aber bisher nicht beweisen.

GÄHNEN

Ist es nicht ansteckend, einer Katze beim Gähnen zuzusehen? Der Mund ist ganz geöffnet, die Schnurrhaare stehen breit gefächert ab, sie streckt und räkelt sich genüßlich. Was aber beim Menschen Müdigkeit bedeutet, heißt bei unseren Samt-

kleinen Kätzchen ist dieses angeborene Verhalten etwa ab der vierten Lebenswoche zu beobachten. Das Flehmen kann Ihnen bei genauer Beobachtung Ihrer Katze eigentlich nicht entgehen. Hat sie einen Geruch auf diese ganz besondere Art wahrgenommen, dann behält sie diesen Gesichtsausdruck über mehrere Sekunden bei und verharrt fast regungslos. Dabei sieht sie wie „beschwipst" aus. Erst wenn die Wahrnehmung zu Ende ist, löst sich ihre starre Haltung wieder und sie leckt sich einmal kurz die Lippen.

Indem die Katze ihren Kopf an etwas reibt, bringt sie gleichzeitig Duftmarken an.

pfoten etwas ganz anderes. Zum einen läßt sich beobachten, daß Katzen sehr häufig gähnen, wenn sie eines ihrer ausgiebigen Nikkerchen beendet haben. In diesem Fall dient das Gähnen dazu, die Muskulatur des Kiefers zu dehnen und zu lockern.

Zum anderen ist Gähnen auch als eine Beruhigungsgeste zu deuten, ganz so, als solle der Kommunikations-partner ein bißchen besänftigt werden. Und auch zur Begrüßung gähnen manche Katzen. Damit kein Mißverständnis aufkommt: Gähnen zum Empfang bedeutet keineswegs: „Oh nein, er (oder sie) nun wieder!" Es ist vielmehr als freundliche Geste zu verstehen: Nun beginnt der nächste Abschnitt des Tages – endlich in Gesellschaft der geliebten Oberkatze.

BLINZELN

Wenn Sie Ihre Katze genau beobachten, werden Sie sehr schnell merken, daß sie in der Lage ist, auch mit ihren Augen zu sprechen. Wahrscheinlich ist es Ihnen noch gar nicht so genau aufgefallen, da Ihr Liebling Sie im Normalfall ja nicht anstarrt und Sie dies umgekehrt auch nicht tun sollten. Vielleicht wirken Katzenaugen auf Sie dennoch ein bißchen starr, was aber vermutlich daher rührt, daß Katzen nicht wie wir Menschen ständig unwillkürlich blinzeln.

Katzen können durchaus blinzeln! Es ist, je nach Situation, als Gruß zu interpretieren, als Besänftigungsgeste oder auch einfach als Ausdruck der Vertrautheit zwischen Ihnen und Ihrer Samtpfote. Manche Katzen öffnen und schließen ganz langsam ihre Augen und bedeuten ihrem Menschen so ihr Vertrauen oder tragen eine Bitte an ihn heran. Wenn Sie Glück haben, dann können Sie mit Ihrer Katze auf diese Weise „sprechen". Kneifen Sie doch einfach mal ein Auge zu, wenn Sie mit Ihrer Katze reden. Wenn sie sich darauf einläßt und zurückblinzelt, haben Sie ab jetzt immer eine gemeinsame Freude an diesem Spiel.

Eine meiner Perserkatzen reagiert auf ihren Namen jedesmal mit einem Augenaufschlag, so als wolle sie sagen: „Ja, ich habe verstanden." Es ist faszinierend, das zu erleben. Vielleicht klappt es auch bei Ihrer Mieze?

REIBEN

Sicher kennen Sie das: Die Katze streicht an Ihren Beinen entlang – zuerst mit dem Kopf, dann den Flanken und schließlich mit dem Schwanz. Und das Ganze regelmäßig und immer wieder, wenn Sie zum Beispiel mit Streicheln darauf reagieren. Dieses Verhalten hat einen einfachen Hintergrund: Die Katze markiert Sie mit ihren eigenen Gerüchen und nimmt gleichzeitig die vertrauten Gerüche von Ihnen auf.

Katzen haben spezielle Duftdrüsen, mit denen sie Gegenstände oder auch die menschliche Oberkatze kennzeichnen können. Diese befinden sich:
▶ an den Wangen,
▶ unter dem Kinn,
▶ in der Mundhöhle,
▶ am Rücken an der Schwanzwurzel und
▶ zwischen den Zehen.

Wir Menschen nehmen diesen feinen Duft nicht wahr, aber der Katze dient er dazu, ein Zusammengehörigkeitsgefühl mit dem geliebten Menschen herzustellen. Egal ob sie sich an uns reibt, Köpfchen gibt, uns mit der Nase stupst oder den Schwanz an uns entlangzieht, gleichzeitig nimmt sie dabei auch immer unseren Geruch an, den sie beim späteren Putzen wieder wahrnimmt, sich einprägt und auch genießt.

Köpfchen geben: eine Geste der Vertrautheit.

Beim Putzen nimmt die Katze an ihr haftende Düfte wahr.

Unverwechselbare Düfte

Der Duft, der einmal auf diese Weise markierten Gegenständen und Personen anhaftet, bleibt noch einige Tage erhalten, so daß er von allen Katzen, die an uns riechen, wahrgenommen werden kann. Andere Katzen aus dem näheren Umfeld sind sogar in der Lage, den Urheber dieses Duftsignals zu erschnüffeln.

Es ist ziemlich sicher, daß sich die Katzen gegenseitig am individuellen Duft der Backendrüsen erkennen können. Wenn Sie in einem Mehrkatzenhaushalt leben und mit einem der Tiere gerade vom Tierarzt zurückkommen, ist oft zu beobachten, daß dieses Tier von den anderen angefaucht wird, obwohl es doch nur für kurze Zeit außer Haus war. Man vermutet, daß die „Duftmarkierungen" der Praxis (Desinfektionsmittel, Medikamente etc.), die das Tier aufgenommen hat, seinen Eigengeruch so sehr verändern, daß es von seinen Artgenossen als fremd eingestuft wird. Lassen Sie in so einem Fall der Katze in einem anderen Zimmer einige Stunden Zeit, die fremden Düfte loszuwerden, bevor Sie sie wieder mit den anderen Tieren zusammenbringen!

DAS VERHALTENS- LEXIKON

Es ist sicher fast unmöglich, alle Elemente der Körpersprache mit einer eindeutigen Interpretation zu versehen, denn vieles ist situationsbezogen und bedarf damit der Einbettung in den gesamten Kontext. Das folgende kleine „Lexikon" soll dabei helfen, weitere relativ eindeutige Verhaltensweisen in einer typischen Situation verständlich zu machen. Schlagen Sie hier einfach nach, wenn Sie für das Verhalten Ihres Stubentigers einen Dolmetscher brauchen.

DAS SAGT DAS VERHALTEN

Eine Pfote leicht heben.	▶ Komm mir nicht zu nahe!
Pfoteln (sanft mit der Pfote berühren).	▶ Ich bin da. Beachte mich. Ich will mit dir spielen.
Pfote heben, danach auf den Boden scharren.	▶ Pfui! Was ist denn das Scheußliches hier?
Pfote leicht angewinkelt schütteln.	▶ Mir ist gerade überhaupt nicht wohl.
Tatzeln (mehrfaches Berühren eines Gegenstandes).	▶ Was ist denn das?
Einen leichten Nasenstüber geben.	▶ Ich mag dich total gern!
Sich am Ohr oder Hals kratzen.	▶ Ich weiß gerade nicht, was ich jetzt tun soll… Ich bin verlegen.
Sich auf den Rücken rollen.	▶ Ich vertraue dir – willst du mich kraulen?
Demonstratives Krallenschärfen.	▶ Schaut her: Ich bin der Größte!
Heftig um die Beine streichen.	▶ Krieg' ich was? Machst du mir gleich die Dose auf?
Am Menschen lecken, herumbeißeln.	▶ Ich mag dich!
Sich die Lippen lecken.	▶ Ich bin nervös. Was soll ich jetzt tun?

Über ihre Nase erfährt die Katze Interessantes aus ihrer Umgebung.

Ein Neuling im Revier wird zunächst einmal genau beschnuppert.

Zuwendung von der
Oberkatze ist Balsam
für die Seele.

„Schandtaten" begeht Mieze
oft nur aus Langeweile.

Ein liebevolles Zuhause und viel Aufmerksamkeit sind wichtig für kleine Kätzchen.

Lernen Sie Kätzisch – Lektion 4

Warnungen und Hilferufe

Es beschäftigt Halter, Tierärzte und sogar Tierpsychologen: Wenn die Katze plötzlich ein gestörtes Verhalten zeigt, ist Ursachenforschung angesagt.

Sie wissen jetzt, daß Ihr vierbeiniger Mitbewohner über eine große Bandbreite an Möglichkeiten der Lautgebung und der Körpersprache verfügt, um mit Ihnen und anderen Katzen zu „sprechen". Das ist aber noch lange nicht alles. Es gibt eine ganze Reihe kätzischer Verhaltensweisen, die dann zu beobachten sind, wenn die Katze sich nicht wohl fühlt und darauf aufmerksam machen will.

DIE HÄUFIGSTEN PROBLEME

Bisher wurden mehrere Studien durchgeführt, die Aussagen darüber machen, welche Arten von Verhaltensproblemen bei Katzen am häufigsten auftreten. Als erfahrener Katzenhalter kann ich sagen: Es ist nicht ganz unwahrscheinlich, daß Sie mit mindestens einem dieser Probleme auch irgendwann einmal zu tun haben werden. Die häufigsten „Katzenprobleme" sind, rein statistisch gesehen, die folgenden:

▶ Harn- und Kotabsetzen außerhalb der Katzentoilette
▶ Harnmarkieren
▶ Aggression gegen Menschen und andere Katzen
▶ destruktives Kratzen.

Wer auch nur mit einer dieser Verhaltensweisen einmal in seiner Wohnung konfrontiert worden ist, wird mir zustimmen, daß sich in diesem Fall Erschrecken, wenn nicht gar Entsetzen bei der Oberkatze breitmacht. Und dies ist dann wiederum meist damit verbunden, daß menschlicherseits völlig falsch reagiert wird.

URSACHEN-FORSCHUNG

Wenn die Katze ein – vom Halter – unerwünschtes Verhalten zeigt und auf diese sehr drastische Weise mit uns kommuniziert, wird häufig interpretiert, sie wolle nun dem Menschen einen „Denkzettel" verpassen und ihrem Protest gegen irgend etwas deutlich Ausdruck verleihen. Diese Deutung liest man leider sogar in diversen Fachbüchern. Bedauerlicherweise entbehrt diese Ansicht jeglicher Grundlage und rührt wohl daher, daß man versucht, typisch menschliche Verhaltensweisen einfach auf Katzen zu übertragen. Falls Sie also irgendwo einen Passus lesen, in dem jemand das Absetzen von Kot in der Wohnung als „Protestkacken" deutet, dann liegt das vielleicht daran, daß derjenige bisher nicht sehr viel Erfahrung in Katzenpsychologie gesammelt hat. Katzen können in ihrem inneren Gleichgewicht so empfindlich gestört werden, daß sie darauf mit uner-

Ein sauberes Katzenklo beugt vermeidbarem Ärger vor.

Ihre Katze nutzt die verschiedensten Möglichkeiten, um mit Ihnen zu „sprechen".

wünschtem Verhalten reagieren. Diese Problemverhaltensmuster treten immer dann auf, wenn meist neue und vom Menschen verursachte Situationen eine Katze überfordern, sich deshalb Angst oder Verwirrung bei ihr breitmacht. Es wäre völlig falsch, anzunehmen, das Tier reagiere deshalb problematisch, weil es es dem Menschen „mal so richtig zeigen" will. Dieses menschliche Denkmuster ist in der Logik der Katze absolut nicht angelegt, und es ist wichtig, sich dessen bewußt zu sein.

TIP: Unerwünschte Verhaltensweisen sind keine „Denkzettel", sondern vielmehr ernstzunehmende „Warnzeichen", daß etwas im Umfeld der Katze nicht stimmt. Und daran muß der Halter etwas ändern.

UNSAUBERKEIT

Als großer Vorteil der Katze gegenüber dem Hund wird oft empfunden, daß das Gassi-Gehen bei jedem Wetter entfällt und die Katze von ganz allein das Katzenklo benutzt. Ein Problem

hat man als Besitzer freilich dann, wenn die Samtpfote auf einmal ihr Kistchen nicht mehr benutzt und statt dessen wechselnde Plätze im Haus aufsucht, um sich zu erleichtern. Der Geruch ist äußerst unangenehm, ganz zu schweigen von den Folgen, wenn sich der Liebling ausgerechnet das Bett ausgesucht hat. Die Gründe für dieses Verhalten können vielfältig sein – es ist an Ihnen, herauszufinden, welche dies sind. Ohne die Ursachen zu kennen, lassen sich die Symptome kaum beseitigen.

Medizinische Gründe

Plötzliche Unsauberkeit hat selten rein medizinische Gründe. Ein Tier kann an Durchfall erkrankt sein, an einer Arthritis leiden oder Probleme mit dem Schließmuskel der Blase haben, was vor allem bei älteren Tieren vorkommt. All das kann der Tierarzt erkennen und behandeln.

Katzen, die an einer Blasenentzündung leiden und deshalb Schmerzen beim Urinieren haben, neigen oft dazu, den Schmerz mit ihrer Katzentoilette in Verbindung zu bringen. Sie glauben dann, sich an einem anderen Ort schmerzfrei erleichtern zu können. Auch hier kann der Tierarzt die Ursache mit Medikamenten beseitigen. Die Verbindung, die die Katze zwischen ihrem Katzenklo und dem Schmerzempfinden hergestellt hat, müssen aber Sie wieder löschen.

Mangelnde Hygiene

In fast allen Fällen, in denen die Katze durch Unsauberkeitsverhalten mit Ihnen „spricht", ist leider der Halter der Auslöser für dieses Verhalten. Es ist keine gute Idee, auszuprobieren, wie oft man das Kistchen höchstens reinigen muß, um von diesem Problem verschont zu bleiben. Gehen Sie einfach davon aus: Wenn Sie das zum erstenmal erfolgreich ausgetestet haben, waren Sie mit der Beseitigung der Spuren länger beschäftigt, als eine regelmäßige Säuberung der Katzenkiste gedauert hätte.

Faustregel: Bei *einer* Katze ist das Kistchen mindestens einmal am Tag zu säubern. Hat man *zwei* Katzen, ist eine Reinigung zweimal am Tag notwendig, bei 2 Katzenklos jedes mindestens einmal am Tag. Besser ist allerdings die doppelte Häufigkeit:

▶ Bei einer Katze zweimal am Tag die Klokiste reinigen.

▶ Bei 2 Katzen und 2 Klos jede Katzentoilette zweimal am Tag säubern.

Versuchen Sie also immer, einem Unsauberkeitsproblem mit Hilfe der Strategien „mehr Klos" oder „öfter säubern" zu begegnen. Es gibt natürlich auch einzeln gehaltene Katzen, die sich zwei Kisten wünschen: eine fürs kleine und eine fürs große Geschäft. Probieren Sie also auch diese Möglichkeit zur Lösung des Problems. Bitte geben Sie bei Ihren Versuchen nicht gleich nach einem Tag auf. Nach 7 bis 10 Tagen ist es allerdings an der Zeit, eine neue Strategie zu versuchen, wenn die alte noch nicht gefruchtet hat.

Schon ein Stups kann sie aus dem Gleichgewicht bringen.

Der Blick auf streunende Artgenossen kann einen Stubentiger ganz schön verwirren.

Neu und verwirrend

Bisher war alles in schönster Ordnung, doch nun hat die Oberkatze einfach Toilettenkiste und Streuart gewechselt, an die sich Mieze doch längst gewöhnt hatte. Katzen regieren oft sehr sensibel auf Veränderung in diesem Bereich. Unsauberkeit ist die Folge.

Wenn Sie eine Katze bei sich aufnehmen, bieten Sie ihr möglichst das Kistchen und vor allem die Streu, die sie schon kennt. Sollten Sie eine Umstellung vornehmen wollen, dann ist es ratsam, in der Übergangszeit zweigleisig zu fahren.

TIP: Eine neue Toilette bereitet fast jeder Katze Probleme. Wenn Sie die vermeiden wollen, dann stellen Sie in der Übergangszeit altes und neues Kistchen parallel auf und zwar so lange, bis sich Mieze an das neue gewöhnt hat und dieses auch regelmäßig besucht.

Viele Katzen sind irritiert, wenn Sie die Einstreu wechseln, und benutzen ihr Katzenklo nicht mehr. War Ihr Vierbeiner bisher an eine klumpende Streu gewöhnt, dann gibt es sehr wahrscheinlich Probleme, wenn Sie von einem Tag auf den anderen auf ein nicht-klumpendes Material, zum Beispiel aus Weizenstroh oder Holzspänen, umstellen. Selbst bei einem Wechsel von einem Fabrikat auf das nächste kann es Schwierigkeiten geben, denn jede Streu hat ihre ganz typischen Eigenschaften und einen für die Katze eigenen Geruch. Wollen Sie die Einstreu wechseln, ist es ratsam, übergangsweise alte und neue Sorte zu mischen. So vermeiden Sie von vornherein Probleme für Ihre Katze und Putzarbeit für sich.

Strafen sind bei der Katzenerziehung fehl am Platze. Zuhören und Mitdenken sind angesagt.

ihrem Duft markieren. Hier hilft eigentlich nur, Mieze weniger oft und lange allein zu lassen.

TIP: Wenn die Katze plötzlich unsauber wird, könnte es sein, daß sie sich vernachlässigt fühlt. Widmen Sie ihr einfach mehr Zeit zum Streicheln, Schmusen, Spielen.

Nie bestrafen

Wichtig zu wissen: Jede Art von Bestrafung verschlimmert nur das Problem. Gera-

Das falsche Kistchen

Es mag vielleicht belustigend klingen, aber es ist eine Tatsache: Nicht jede Katzentoilette ist auch wirklich für jede Katze geeignet. Schauen Sie sich einen ausgewachsenen 9-Kilo-Maine-Coon-Kater und dann eine Mini-Klokiste an. Wer darf sich da noch wundern, wenn das Hinterteil beim Urinieren zwangsläufig aus der Katzentoilette herausguckt? Auch sollte man Freß- und Versäuberungsplatz nie zu nah zusammenstellen. Das mag fast keine Katze. Verständlich – denn auch wir Menschen stellen nicht unbedingt den Eßtisch genau neben die WC-Tür auf.

Sehnsucht

Eine längere Abwesenheit der menschlichen Bezugsperson kann die Psyche der Katze stark strapazieren. Das ist zwar wissenschaftlich noch etwas umstritten, aber auch nicht ganz von der Hand zu weisen. Ist der Halter länger als gewohnt im Katzenrevier nicht aufzufinden, kann es passieren, daß die Katze ihren eigenen Geruch mit Hilfe ihrer Ausscheidungen mit dem Geruch des Besitzers in Verbindung bringen will. So versucht sie, Trennungsangst und Verlassenheitsgefühl zu kompensieren. Deshalb wird sie bevorzugt die Lieblingsstücke ihrer Oberkatze wie Sessel oder Bett mit

Sie hängt so richtig durch. Hat niemand verstanden, daß sie spielen will?

dezu klassisch falsch ist die Methode, die Katze mit der Nase in ihre Pfütze zu stupsen, sie danach zum Katzenklo zu tragen und dort eine Weile festzuhalten, um ihr zu zeigen, wo sie ihr Geschäft verrichten soll. Die wahrscheinlichen Folgen dieser „Erziehungsmaß-

Manche Katzen beschweren sich schon mal lautstark.

nahme": Die Katze wird sich vor ihrem Besitzer fürchten und die Katzentoilette mit der unangenehmen Erfahrung, festgehalten zu werden, verbinden. Das Ergebnis: Sie benutzt ihr Katzenklo überhaupt nicht mehr.

Alle eben beschriebenen Fälle haben damit zu tun, daß die Katze ihre Toilette plötzlich überhaupt nicht mehr aufsucht. Eine weitere Verhaltens-

weise, die sich in der Wohnung sehr unangenehm auswirkt, ist das Markieren durch Harnspritzen, was nicht weniger belastend für alle menschlichen Mitbewohner ist.

MARKIEREN

Wer einen unkastrierten Kater in geschlechtsreifem Alter in der Wohnung hält, der dürfte sehr wahrscheinlich dieses Problem kennen: Das Tier markiert mit seinem Urin die verschieden-

Diese harmlose Rüge ist erlaubt: Ein gezielter Schuß mit der Wasserspritze – aber am besten aus dem Hintergrund.

sten Gegenstände. Dieses Verhalten kann man ganz leicht „ausschalten", indem man seinen Kater kastrieren läßt. Allerdings belegen Untersuchungen, daß ein „Restrisiko" von etwa 10% besteht, daß trotzdem weiter gespritzt wird. Übrigens markieren auch Weibchen, nur ist deren Duft nicht ganz so penetrant wie der von Katern.

Wie wird markiert?

Das Markieren läuft folgendermaßen ab: Zunächst beschnüffelt das Tier die ausgewählte Stelle, die sich meist vertikal in einer Höhe von etwa 30 cm befindet. Dann dreht es sich um und steht mit aufrechten Beinen und hocherhobenem, meist zitterndem Schwanz da, während es auf die ausgesuchte Stelle Urin in kurzen Stößen versprüht. Seltener wird auch auf horizontale Stellen gespritzt, und die Katze vollführt das aus der Hocke heraus, so wie beim normalen Absetzen von Harn oder Kot.

Warum wird markiert?

Das Markieren mit Urin rührt vom Verhalten in der freien Natur her. Kater - aber auch weibliche Tiere - versprühen Urin an bestimmten Stellen und hinterlassen so ihre „Nachrichten" an andere Katzen. Anhand des bleibenden Geruchs können andere Katzen interessante Einzelheiten über Geschlecht, Rang, Gesundheitszustand und Alter des Tieres entnehmen, welches dort markiert hat, und außerdem auch über den Zeitpunkt, an dem es dort gewesen ist.

Im Haus und damit innerhalb einer geschlossenen Gemeinschaft und eines klar abgegrenzten Reviers gibt es normalerweise keinen Anlaß für das Markieren. Beginnt der tierische Mitbewohner doch plötzlich damit, so muß wieder einmal der Ursache für diese Verhaltensänderung auf den Grund gegangen werden. Generell scheint das Harnmarkieren das Selbstbewußtsein des Spritzers zu steigern. Eine Katze, die, aus welchen Gründen auch immer, markiert, tut dies meist auch, um ihr Wohlbefinden zu steigern.

Verändertes Umfeld

Neben hormonellen Ursachen können Veränderungen im vertrauten Sozialgefüge der Samtpfote Auslöser dafür sein, daß sie plötzlich im Haus markiert. Die Katze wird unsicher und ängstlich, verliert ihr emotionales Gleichgewicht, wenn

▶ eine neue Katze ins Haus genommen wird,

▶ eine neue Person (z. B. ein Baby) in die Familie kommt,

▶ sich die Beziehung zu den

anderen Katzen oder die Lebensgewohnheiten der Menschen im Haushalt ändern (z. B. Berufstätigkeit außer Haus).

▶ durch größere Umräumaktionen oder neue Möbel die vertraute Umgebung verändert wird,

▶ andere Katzen regelmäßig draußen vorbeistreichen.

Das schafft Abhilfe

Haben Sie die Ursache für das Urinmarkieren ausfindig gemacht, können Sie das Übel aus dem Weg räumen. Geschlechtsreife Kater läßt man kastrieren. Wird ein Tier deshalb so richtig durcheinandergebracht, weil es ständig draußen entlangstromernde Artgenossen beobachtet, kann es helfen, den Ausblick auf die Katzenpfade zu versperren, indem man

einen Teil des Fensters abklebt.

Eine Möglichkeit ist, die bevorzugt markierte Stelle (nach gründlicher Reinigung, versteht sich) zum Futterplatz umzufunktionieren. Mieze mit ihrer feinen Nase möchte beim Fressen auch nicht durch unangenehme Gerüche belästigt werden. Ein bißchen Glück gehört schon zu dieser Methode, aber es bestehen durchaus Chancen auf Erfolg.

Es kann auch genügen, häufig markierte Plätze in ihrer Oberflächenstruktur zu verändern. Keine Katze

geht zum Beispiel freiwillig gerne auf Teppichklebeband, welches doppelseitig mit einer Klebefläche beschichtet ist. Es läßt sich ganz einfach vorübergehend anbringen. Auch Alufolie leistet hier gute Dienste.

TIP: Verunreinigte Stellen sollten Sie mit einem unparfümierten, biologisch abbaubaren Reinigungsmittel gründlich säubern. Verwenden Sie nur Reiniger, die keine Ammoniakverbindungen enthalten, die für die Katze sehr ähnlich wie Harnstoff riechen. Das animiert Mieze geradezu, an diesen Stellen ihre Duftmarken zu hinterlassen, da sie den Ammoniakgeruch für die Botschaften einer anderen Katze hält.

Stimmt die Chemie?

In letzter Zeit werden vermehrt chemische Sprays angeboten, mit denen – so die Industrie – das Urinspritzen unterbunden werden kann, wenn man die betreffenden Stellen damit regelmäßig einsprüht. Ein Schlüssel zur Lösung mag darin liegen, daß diese Sprays bestimmte Pheromone enthalten, die auch die Katze

Katzen lieben einen sauberen Freßplatz.

absondert. Deren Geruch soll das Wohlbefinden steigern und damit das Markieren stoppen. Bisher gibt es aber noch keine wissenschaftlichen Langzeituntersuchungen, die bestätigen können, daß diese Rezeptur eine Erfolgsgarantie besitzt. Wer aber mit einem hartnäckigen Markierer seine Wohnung teilt, der wird es sicher einmal auf einen Versuch ankommen lassen. Wenn Sie mit Ihrer Weisheit völlig am Ende sind, wenden Sie sich an einen erfahrenen Katzentherapeuten. Notfalls kann auch der Tierarzt versuchen, das Problem medikamentös zu behandeln. Ursachenforschung ist aber immer angesagt!

Kleine Rüge aus dem Nichts

Es ist eine Tatsache, daß es nur weitere negative Folgen hat, wenn Sie Ihre Katze für das Markieren oder andere „Schandtaten" bestrafen. Wenn Sie sie aber dabei erwischen, wie sie an immer denselben Stellen Urin verspritzt, kann es doch hilfreich sein, ihr „unauffällig" beizubringen, daß das unangenehme Folgen für sie hat. Sie als Oberkatze müssen dabei aber sehr genau darauf achten, daß Sie von Ihrem Hausgenossen nicht mit einer unangenehmen Erfahrung in Verbindung gebracht werden. Erfolg haben Sie nur dann, wenn Sie der Katze in genau dem Moment einen kleinen „Denkzettel" verpassen, in dem sie das tut, was Sie ihr abgewöhnen wollen. Zwei Möglichkeiten für eine kleine Strafe, die der Katze nicht schaden und Sie nicht als Urheber erkennen lassen, sind:

▶ laute Geräusche in unmittelbarer Umgebung: Lassen Sie eine mit Kronkorken gefüllte Dose neben der Katze herunterfallen, knallen Sie eine Türe zu oder klatschen Sie laut in die Hände.

▶ ein gezielter Wasserstrahl: Aus dem Nichts heraus wird das Hinterteil des „Übeltäters" mit einem kurzen Schuß aus der Wasserspritzpistole behandelt.

Markieren mit Kot

Noch unangenehmer als das Harnspritzen ist das Markieren mit Kot. Zum Glück kommt es selten vor, ist es doch die „verschärfte Variante" des Markierens. In fast allen Fällen ist eine tiefe Verunsicherung der Katze der Auslöser für diese Verhaltensweise. Prinzipiell gilt das Gesagte über das Markieren auch hier. Das wichtigste ist, die Ursache zu fin-

Katzenbegegnung: Noch ist nicht klar ob Freund oder Feind.

Wenn sich die Aufregung gelegt hat, wird sie herunterklettern.

den und möglichst schnell zu beseitigen. Was hat sich in den Lebensgewohnheiten Ihrer Samtpfote verändert? Haben Sie plötzlich nur noch sehr wenig Zeit für sie? Bevölkern Gäste das Haus? Wurde die Wohnung total umgeräumt?

Dieses Verhalten ist auch eine Form der Katzensprache. Ihre Samtpfote fühlt sich überhaupt nicht wohl und versucht mit den äußersten Mitteln, mit Ihnen zu kommunizieren. Deshalb schimpfen oder bestrafen Sie sie nicht, versuchen Sie zu verstehen, was sie Ihnen so dringend mitteilen will.

AGGRESSIONEN

Auch Angst- und Aggressionsverhalten sind eine Form der Kommunikation. Aggressionen sind natürliche Verhaltensmuster, zum Beispiel raubtierhafte Aggressionen in freier Natur oder mütterliche Aggression zum Schutz der eigenen Kitten. Sie können aber auch zu Problemen werden, vor al-

lem dann, wenn entweder wir selbst, unsere Mitmenschen oder die Artgenossen im Haushalt mit diesem Kommunikationsverhalten konfrontiert werden.

Angst vor vertrauten Menschen

Es kommt immer wieder vor: Die Katze meidet den Kontakt mit einem bestimmten Familienmitglied, ist ängstlich und gegebenenfalls sogar aggressiv. Wenn man Pech hat, trifft das ausgerechnet den eigenen Lebenspartner, und dann ist der Konflikt vielleicht schon vorprogrammiert („Einer ist hier zuviel: die Katze oder ich!").

Die Ursachen für eine Aversion gegen den bekannten Menschen können vielfältig sein und sind meist schwer zu ergründen. Sind Sie mit diesem Problem konfrontiert, halten Sie sich am besten an die folgenden Ratschläge, die in den meisten Fällen die Situation entschärfen können.

Annäherungsversuche

▶ Bestrafen Sie das Tier nicht und stellen Sie keinesfalls einen Zwangskontakt her, indem Sie zum Beispiel die Katze auf dem Arm festhalten, um ihr zu zeigen, daß von der ungeliebten Person doch gar keine Gefahr ausgeht.

▶ Der gefürchtete Mensch sollte seinerseits keine Versuche unternehmen, mit Gewalt eine Besserung herbeizuführen. Die beste Voraussetzung für eine Verhaltensveränderung bei der Katze ist, selbst ruhig und in Distanz zu ihr zu agieren und nur dann vorsichtig den Kontakt zu erwidern oder auch kleine Leckereien auszuteilen, wenn sie sich von alleine nähert.

▶ Alles was an Arbeiten im Haus die Katze irritieren könnte und zum Beispiel mit Lautstärke verbunden ist (Reparaturen in der Wohnung, Staubsaugen etc.), sollte nicht gerade diejenige Person ausführen, deren Anwesenheit allein schon Angst und Aggression beim Vierbeiner auslösen kann.

Spielmöglichkeit, Ausguck und Liegeplatz in einem: Dieser Luxusbaum ist der Traum jedes Stubentigers.

Auch Samtpfötchen zeigen ab und zu die Krallen.

Aggression zwischen Katzen

Leben Sie in einem Mehrkatzen-Haushalt und sind die Tiere untereinander aggressiv, dann verstehen Sie diese Mitteilung in Katzensprache zunächst einmal so: Halten Sie sich aus der Sache heraus! Geht es nämlich darum, Rangkämpfe auszutragen, ist das Eingreifen des Menschen der größte Fehler überhaupt.

Nimmt die Sache aber auf Dauer kein gutes Ende, so ist das Aggressionsproblem höchstwahrscheinlich dar-

TIP: Lassen Sie den „Problemmenschen" der Katze immer ihr Futter geben. Mit etwas Geduld steigt die Chance, daß der Stubentiger den gefürchteten Zweibeiner zu akzeptieren lernt.

auf zurückzuführen, daß die Katzen voreinander Angst haben. Selten kann man den Angstauslöser ausfindig machen. Vielleicht wurde die eine Katze sehr erschreckt, während zufällig gerade die andere an ihr vorbeiging, und nun verbindet sie ihre Angst mit dem Artgenossen. Tritt dieses Problem ganz plötzlich auf, dann versuchen Sie, die angstaggressiven Tiere zunächst einmal getrennt zu halten, zum Beispiel in verschiedenen Zimmern, so daß sie sich sehen, aber nicht gegenseitig angreifen können.

Experten betonen immer wieder, wie wichtig eine gemeinsame Futtereinnahme ist. Der Anblick eines vollen Napfes scheint alle Probleme als sekundär erscheinen zu lassen. Füttern Sie deshalb aggressive Tiere gemeinsam, und trennen Sie sie, wenn es nötig ist, erst dann wieder. Und wenn das auf Dauer alles nichts hilft, ziehen Sie einen Katzentherapeuten oder auch den Tierarzt zu Rate.

SCHARFE KRALLEN

Der Alptraum eines jeden frischgebackenen Katzenbesitzers: Das ganze Mobiliar wird zerkratzt. Die Frage ist, was der kleine Tiger uns damit sagen will.

Warum kratzen Katzen?

Kratzen gehört zum Verhalten einer Katze einfach dazu; jeder weiß das. Wenn sie kratzt, dann hat das einen der folgenden drei Gründe:

▶ Krallenpflege: Durch Kratzen werden die lockeren Außenschichten der Krallen abgezogen und die nachgewachsenen scharfen Krallen freigelegt.

▶ Reviermarkierung: Durch Kratzen wird ein Gegenstand optisch durch Kratzspuren und zusätzlich durch einen Duftstoff, der aus den Schweißdrüsen der Katze in den Pfotenballen stammt.

▶ Streßreduktion: Beim Kratzen lassen sich wunderbar Streß und aufgestaute Aggressionen abbauen.

Die beste Möglichkeit, Spuren dieser Art der Kommunikation an Wohnungsgegenständen vorzubeugen, ist der eigene Kratzbaum für die Katze. Doch da gibt es große Unterschiede.

Kratzen: Die Krallen werden gepflegt, das Revier markiert oder Streß und Aggressionen reduziert.

Der Kratzbaum

Stellen Sie Ihrer Samtpfote „ihr" Möbelstück an einen interessanten zentralen, aber trotzdem ungestörten Platz. So schaffen Sie gute Voraussetzungen dafür, daß der Baum auch angenommen wird. Im Notfall kann man der Katze auch selbst vormachen, was man an dem guten Stück mit den Krallen tut. Probieren Sie es aus – am besten mit langen Fingernägeln –, Ihre Katze wird Sie dabei sicher beobachten.

Bleibt der Kratzbaum trotzdem total uninteressant und konzentriert sich die ganze Kratzenergie auf andere Möbelstücke, dann sehen Sie sich das Kratzmöbel einmal genau an: Wieviel Geld haben Sie investiert? Ist der Baum so billig gemacht, daß er gefährlich wackelt, wenn eine Katze daraufspringt? Ist er nicht einmal 1,50 Meter hoch und eignet sich deshalb auch nicht als erhöhte Beobachtungsposition? Fehlen Liegebrettchen oder eine Schlafhöhle? Oder anders gesagt: Ist die ganze Konstruktion totlangweilig? Wenn Sie das mit einem „Ja" beant-

Lieber ausgiebig spielen als sich ausgiebig langweilen und auf dumme Gedanken kommen.

worten müssen, haben Sie auch schon die Lösung Ihres Problems gefunden. Besorgen Sie Ihrer Katze ein stabiles, interessant gestaltetes Modell, an dem sie sich so richtig austoben kann. Wenn Sie mit Ihrem Stubentiger in einer Wohnung mit mehreren Etagen leben, dann bedenken Sie vielleicht auch noch, daß nicht jede Katze Lust hat, sich zwei Stockwerke tiefer zum Kratzbaum begeben zu müssen, wenn sie gerade kratzen will. Vermutlich ahnen Sie schon, was ich damit sagen will: Wer seine Einrichtung vor scharfen Krallen schützen will, der sollte auf jeder Etage Kratzmöbel aufstellen. Es müssen ja nicht lauter Luxusmodelle sein.

TIP: Der Zoofachhandel bietet meist eine große Auswahl an guten Kratzbäumen. Auch auf Katzenausstellungen sind oft Anbieter von Katzenmöbeln vertreten, bei denen man sich die verschiedensten Modelle in aller Ruhe anschauen kann.

Zum Besseren bekehren

Ihre Katze gehört nun trotzdem weiterhin zu denjenigen Exemplaren ihrer Art, die mit Vergnügen überall ihre Krallen einsetzen, nur nicht am Kratzbaum? Dann

Eine entspannte, zufriedene Katze.

sollten Sie versuchen, die Kratzgewohnheit Ihrer Samtpfote auf das richtige Objekt umzulenken.

Den bisher unbeachteten Kratzbaum kann man wunderbar mit herunterbaumelnden Spielzeugen aufpeppen oder verführerische Katzenminze auf die Liegeflächen streuen. Hilft das nichts, rücken Sie den Baum an die Stelle, an der die Katze bisher mit größter Wonne ihre Krallen geschärft hat. Keine Sorge, es ist ja nur ein vorübergehendes Hilfsmittel. Funktioniert diese Taktik, rücken Sie den Baum

täglich um ein paar Zentimeter weiter, so lange, bis er dort steht, wo Sie ihn eigentlich haben wollten.

Notfalls können Sie auch wieder die „kleinen Strafen aus dem Nichts", die ich im Zusammenhang mit dem Markieren schon erwähnt habe, zu erzieherischen Zwecken einsetzen. Wenn Ihr Vierbeiner zu der Erkenntnis kommt, daß ihm das Kratzen an der schönen alten Holzkommode jedesmal einen unangenehmen Wasserstrahl ans Hinterteil einbringt, wird dieses Möbelstück sehr schnell ver-

schont werden. Alternativ kann man wiederum versuchen, die Oberfläche des von der Katze auserwählten Kratzobjektes so unangenehm wie nur möglich zu gestalten. Doppelseitiges Klebeband und raschelnde Alufolie sind die Mittel der Wahl, um Miezes Energie auf den Kratzbaum umzulenken.

Kratzen aus Langeweile

Sind Sie den ganzen Tag außer Haus und hat Ihre Samtpfote keinen Spielgefährten, wird es ihr sicher bald langweilig werden. Eine Katze will nicht den ganzen Tag nur fressen, in ihrem begrenzten Wohnungsrevier patrouillieren und schlafen. Finden Sie überall Kratzspuren, werden die Gardinen täglichen Belastungsproben unterzogen und alle Blumenvasen für Sie zum 3-D-Puzzle umfunktioniert, ist selten eine Verhaltensstörung Ihres Vierbeiners, sondern meist schlicht und ergreifend Langeweile die Ursache.

Sie müssen etwas dagegen tun. Das kann die Anschaffung einer zweiten Katze sein, wie im ersten Kapitel bereits erwähnt. Sie sollten die Spielzeuge öfter austauschen, um Abwechslung zu bieten, und vor allem der Mieze so viel Zeit wie möglich widmen.

ZUM WEITERLESEN

Askew, Henry R.: Behandlung von Verhaltensproblemen bei Hund und Katze. Parey 1997

Augst, Helen Ann: Was will meine Katze mir sagen? Humboldt 1996.

Birr, Uschi: Mit Katzen leben. Kosmos 1996.

Bohnenkamp, Gwen: Was Katzen wirklich brauchen. Kosmos 1997.

Grimm, Hannelore: Ein Kätzchen kommt ins Haus. Kosmos 1996.

Grimm, Hannelore: Glückliche Wohnungskatzen. Kosmos 1997.

Johnson, Pam: Katzen auf der Couch. Kosmos 1998.

Johnson, Pam: Katzenpsychologie. Kosmos 1999.

Kilcommons/Wilson: Das Beste für meine Katze. Kosmos 1997.

Kühl, Christian: Mensch und Katze. Ariston 1993.

Leyhausen, Paul: Katzenseele. Kosmos 1996.

Morris, Desmond: Catwatching. Heyne 1995.

Neville, Peter: Versteh' deine Katze. Müller Rüschlikon 1992.

Radke, Anna-Maria: Wenn Katzen reden könnten. Kosmos 1993.

Schmitt-Hauser, Gerd: Katzen – Ein Kosmos-Ratgeber. Kosmos 1991.

Solisti, Tobias: Ich spüre die Seele der Tiere. Kosmos 1997.

Tellington-Jones, Taxlor: Der neue Weg im Umgang mit Tieren. Kosmos 1993.

Theilig, Harald: Mit Katzen spielen und lernen. Kosmos 1998.

Theilig, Sigrid und **Harald:** So lernt meine Katze. Kosmos 1992.

Thies, Dagmar: Katzenhaltung. Kosmos 1996.

Turner, Dennis C.: Katzen lieben und verstehen. Kosmos 1996.

ZEITSCHRIFTEN

Geliebte Katze. Gong-Verlag.

Katzen extra. Das deutsche Katzenmagazin. Sieglers Symposion Tierzeitschriften.

ADRESSEN

Verbände

1. Deutscher Edelkatzen-Züchterverband e.V. (DEKZV)
Berliner Str. 13

35614 Asslar
Tel. 06441/8479

Deutsche Edelkatze e.V.
Hubertstr. 280
45307 Essen
Tel. 0201/550755

Deutsche Rassekatzen-Union e.V. (DRU)
Hauptstr. 56
56814 Landkern
Tel. 02653/6207

Süddeutscher Rassekatzen-Verband e.V. (SDRV)
Zwickauer Weg 10
68309 Mannheim
Tel. 0621/701980

Österreichischer Verband für die Zucht und Haltung von Edelkatzen (ÖVEK)
Liechtensteinstr. 126
A - 1090 Wien
Tel. 0222/3196423

Klub der Katzenfreunde Österreichs (KKÖ)
Castellezgasse 8/1
A - 1020 Wien
Tel. 0222/2147860

Féderation Féline Helvétique (FFH)
Solothurner Str. 83
CH - 4053 Basel
061/3617064

Cat-Sitter-Clubs

Kontaktadresse:
Verein Deutscher Katzenfreunde e.V.
Silberberg 11
22119 Hamburg
Tel. 040/454842

REGISTER

BILDNACHWEIS

Monika Binder (10: 3, 12o, 23, 24l, 29, 31,40,51,55,56o), Regina Kuhn (27: Innenklappe alle, 1lmr, 4u, 8, 17, 19lr, 20u, 24r, 25, 35, 43, 44r, 46, 50u, 53, 58, 59), Juniors Bildachriv (20: Archiv: 33o; Born: 9; Botzek: 12u; Caspersen: 6, 50o; Groth: 47; Holzapfel: 32; Hütter: 18; Lindner: 34u; Schanz: 2o, 7, 11, 20o, 21, 24o, 27, 36, 48; Steimer: 14u, 33u), Werner u. Kerstin Layer (4: 24o, 45, 49, 54), Reinhard Tierfoto (17: Außenklappe, 2u, 5, 10, 13lr, 14o, 15, 37, 38, 39, 41, 42, 44ol, 56u, 57), Marianne Sock (4: 4om, 16, 52)

IMPRESSUM

Umschlagentwurf von Atelier Reichert, Stuttgart, unter Verwendung von 4 Farbaufnahmen von Marianne Sock (U1 groß), Regina Kuhn (U1 klein, U4l) und Monika Binder (U4r).

Mit 86 Farbfotos.

Die Deutsche Bibliothek – CIP-Einheitsaufnahme

Katzensprache verstehen / Ingo Faustmann. – Stuttgart : Kosmos 1999
   ISBN 3-440-07701-2

© 1999, Franckh-Kosmos Verlags-GmbH & Co., Stuttgart
Alle Rechte vorbehalten
ISBN 3-440-07701-2
Lektorat: Claudia Sträb
Grundlayout: Atelier Reichert, Stuttgart
Gestaltung: Gisela Dürr, München
Satz: Punkt Komma Strich, Deizisau
Printed in Germany / Imprimé en Allemagne
Druck und Buchbinder: Westermann Druck Zwickau GmbH, Zwickau

10 RATSCHLÄGE FÜR KÜNFTIGE KATZENHALTER

Wer sich eine oder mehrere Katzen anschaffen will, sollte sich vorher auf jeden Fall mit den folgenden zehn Punkten beschäftigen:

1 Eine Katze erwirbt man nie als Geschenk für jemanden, auch nicht für das eigene Kind. Es kann die Pflichten, die auf einen Katzenhalter zukommen, nicht richtig abschätzen.

2 Eine Wohnungskatze kann durchaus 15 Jahre oder noch älter werden, in denen sie mit ihrem Menschen zusammenleben möchte. Machen Sie sich das bitte vor dem Kauf klar.

3 Wenn Sie sich eine Rassekatze wünschen, dann informieren Sie sich vorher beim Züchter über die Charakteristika der Rasse. Langhaartiere sehen zum Beispiel fantastisch aus, erfordern aber tägliche intensive Pflege.

4 Auch wenn es Ihnen an freier Zeit mangelt: Planen Sie für Spiel, Pflege und Fütterung täglich im Schnitt zwei Stunden ein.

5 Auch wenn Sie abends noch so müde sind: Das ist kein Grund, sich vor der täglichen Reinigung des Katzenklos zu drücken.

6 Wenn Sie nur selten, unregelmäßig und zu täglich wechselnden Zeiten zu Hause sind, ist das für Ihre Katze auf die Dauer kein optimaler Zustand.

7 Eine Katze kann Sie unvorhergesehen finanziell belasten. Damit eine größere Tierarztrechung nicht zum Problem wird, legen Sie am besten monatlich eine kleine Summe beiseite.

8 Wechseln Sie nicht abrupt die gewohnte und akzeptierte Futtermarke, auch wenn eine andere ein bißchen billiger ist. Das bekommt vielen Katzen gar nicht gut.

9 Erstellen Sie einen „Notfallplan": Wer kümmert sich um die Katze, sollten Sie selbst, zum Beispiel durch einen Krankenhausaufenthalt, außerplanmäßig ausfallen? Was ist von der Ersatzperson zu beachten?

10 Eine Katze verlangt auch Rücksicht. Sie liebt zum Beispiel keine lauten, rauschenden Feste.

TIERPASS FÜR UNSER KÄTZCHEN

Name: _____   Geschlecht: _____

Rasse: _____   Tätowierung: _____

Farbe: _____   bes. Merkmale: _____

geboren am: _____   übernommen am: _____

Impfungen: _____

_____

Entwurmungen: _____

_____

bisherige Erkrankungen: _____

_____

Wichtige Anschriften

Züchter: _____

_____

Tierarzt: _____

_____

tierärztlicher Notdienst: _____

_____

Urlaubsbetreuung: _____

_____

Zoofachgeschäft: _____

_____